에디터도
많이 틀리는
맞춤법

이 도서의 국립중앙도서관 출판예정도서목록(CIP)은 서지정보유통지원시스템 홈페이지(http://seoji.nl.go.kr)와 국가자료종합목록 구축시스템(http://kolis-net.nl.go.kr)에서 이용하실 수 있습니다. (CIP제어번호 : CIP2019050476)

에디터도 많이 틀리는 맞춤법

초판 1쇄 발행 2019년 10월 1일
개정 2쇄 발행 2020년 3월 18일

지은이 | 임병천
감수자 | 유용선
펴낸이 | 임정일
펴낸곳 | 넘버나인

출판등록 | 2013.1.31 제 2013-000012호
주소 | 서울시 영등포구 문래북로 116, 트리플렉스 B103호
전화 | 02-6210-7742
팩스 | 0505-866-8254

ⓒ 넘버나인
ISBN 979-11-959713-6-7 03700

※ 넘버나인은 책나무출판사의 실용서적 임프린트입니다.
※ 본사의 서면 동의 없는 무단 복사, 복제, 전재하는 것을 금합니다.
※ 잘못된 책은 바꿔드립니다.

에디터도 많이 틀리는 맞춤법

임병천 지음
유용선 감수

| 목차 |

01 작가님, 저를 전적으로 믿으셔야 합니다.
명사 | 대명사 | 수사 · 11

02 에디터님, 이건 조사라고요!
조사 · 91

03 편집장님, 이 문장 좀 확인해 주세요.
동사 | 형용사 · 111

04 사원님, 이것도 모르면서 집에 간다고요?
관형사 | 부사 | 감탄사 · 159

05 신입님, 부호도 제대로 못 써요?
문장 부호 · 171

부록 사전 검색하기 | 외래어 표기법 · 211

| 머리말 |

    문예창작과를 졸업한 막내 에디터도 신춘문예로 등단한 우리 둘째 삼촌도, 그 누구도 제대로 된 맞춤법에 대해 가르침을 받아본 적이 없어요. 관련 학과에서도 이를 깊이 가르치지 않을뿐더러, 출판사나 신문사에서 진행하는 맞춤법 강좌는 흥미를 끌지 못해 폐강되는 일이 잦죠. 이미 시중에 많은 맞춤법 책들이 나와 있지만, 사전만 찾아봐도 쉽게 알 수 있는 정보들을 나열하는 것에 그쳐, 보다 보면 하품만 나오기 일쑤죠. 결국 맞춤법이라는 것은 스스로가 많이 찾아 읽고 정리하는 노력을 보이지 않으면 섭렵하기 어려운 분야고, 동시에 그 누구도 쉽게 가르쳐 주지 않는 분야예요.

    사실 이 책도 기존의 맞춤법 책을 답습하는 책일지도 몰라요. 호기심 가는 제목을 덧붙여, 내가 모르고 있던 신기한 맞춤법과 평소에 어려웠던 맞춤법을 시원하게 긁어주는 책을 원하셨다면 그만큼의 실망이 따를 수도 있겠네요. 하지만 맞춤법은 단번에 완성할 수 없어요. 평소에 쓰던 문장도 의심하고, 버릇처럼 사전을 뒤지며, TV 프로그램의 틀린 자막이 불편해지기 시작할 때부터가 진짜 시작이거든요. 그 과정의 첫 단추 정도의 책이라고 생각해 주시면 될 것 같아요.

　기존 맞춤법 책들을 보며, 사전만 찾아보면 얻기 쉬운 정보들을 구태여 길게 서술하는 것에 대해 많이 불편했어요. '금새'가 아닌 '금세'가 맞다는 얘기나 '오르락내리락하다'는 하나의 동사로 굳어져 있다는 이야기들을 수십 페이지 할애하여 언급하는 것 말이에요. 사실 이 책도 그런 것에서 크게 자유로울 수는 없겠지만, 최대한 여러 예시를 나열하여 분량을 늘리는 것을 지양하고 맞춤법과 문법에 관하여 폭넓게 다루고자 했어요. 한국어 어문 규범 〈한글 맞춤법〉의 순서를 가져오지 않고 품사별로 목차를 나눈다거나, 다른 책들보다는 문법적 설명이 많다거나 하는 노력이었죠. 《에디터도 많이 틀리는 맞춤법》이라는 나름 전문적인 이름을 갖고 있지만, 사실은 사전을 잘 찾아보기 위한 일종의 서막쯤이 아닐까 생각이 듭니다.

　엄청 쉽게 배워서 빠르게 맞춤법 도사가 되고 싶다고요? 국어선생님이 내신 책에도 수많은 오타가 있어요. 대형 출판사에서도 매 쇄마다 오타나 틀린 맞춤법을 조금씩 손봐서 재판하죠. 제가 봤던 어떤 문제집은 홈페이지에 정오표(正誤表)를 올려놓았는데, 무려 한 종에 100개 이상을 틀려놨더라고요. 혹 이 책을 1쇄에 받아보셨다면, 분명히 이 책에도 많은 오타가 존재할 수도 있습니다. 완벽한 맞춤법은 정말이지 쉽지가 않아요. 하지만 천천히 또 깊이 맞춤법에 대해서 이해하고자 한다면 이 책이 여러분께 길잡이가 될 수 있을 겁니다. 꼭 기억해 주세요. 맞춤법이라는 큰 산에 대한 굵직한 소개는 이 책이 할 테지만, 그 큰 산을 직접 넘으며 자잘한 꽃과 풀, 자갈까지 느껴야 하는 것은 바로 여러분이라는 사실을요!

이 책이 세상에 나올 수 있도록 희망과 용기를 불어넣어 주신 많은 지인께 진심으로 감사드리며, 클라우드 펀딩 후원에 참여해 주신 모든 분께도 심심한 감사의 마음을 전합니다. 숙원이었으나 시도도 해보지 않았던 내 책 출간이라는 꿈은, 여러분이 아니었다면 정말 이룰 수 없었을 겁니다. 조금은 서툴고 모자랄지라도 글을 썼던 진심만은 무사히 여러분 마음속에 닿기를 바라봅니다. 마지막으로 큰 후원 아끼지 않아주신 **하늘천사song—mj, 파키라5, 시하, 윤미, 허니가이드, 권순억, 한영진, 메멘토모리** 님께 다시 한 번 감사드립니다.

일러두기

책에 등장하는 단어의 뜻풀이는 국립국어원 표준국어대사전을 바탕으로 작성되었으며,
붙임과 부록의 규범들은 한국어 어문 규범의 「한글 맞춤법」과 「표준어 규정」을 실었습니다.

01

작가님,
저를 전적으로
믿으셔야
합니다.

명사 | 대명사 | 수사

현재 우리나라 문법에서는 명사, 대명사, 수사, 조사, 동사, 형용사, 관형사, 부사, 감탄사. 이렇게 9가지의 품사가 있는데요. 물론 이것을 달달 외우실 필요는 없습니다. 첫 번째 장이 명사와 대명사, 그리고 수사에 관해 이야기한다는 서문 같은 거니까요. 이론적인 것을 아주 간단하게만 짚어드리는 것이니, 처음부터 겁먹으실 필요는 없어요!

우선 명사는 사물의 이름을 나타내는 품사로 우리가 흔히 끝말잇기에서 단어만 가능하다고 윽박지를 때의 이 '단어'가 보통은 '명사'를 이야기합니다. 사실 엄연히 말하면, '단어'는 동사나 형용사도 포함하지만, 끝말잇기 할 때의 '단어'는 보통 명사를 이야기하죠. 그러면 옆의 친구가 대뜸 "지명이나 인명은 안 돼?"냐고 물어보죠. 이것이 우리가 흔히 알고 있는 '고유 명사'의 개념입니다. '고유 명사'는 '보통 명사'와 대립하는 용어로 인명·지명·국명 등이 이에 속합니다. 더 쉽게 말해 담배 '라일락'을 부를 때는 담배의 고유 이름을 말하는 것이기 때문에 고유 명사라고 하며, 식물 '라일락'을 뜻할 때는 보편적인 뜻을 가지므로 '보통 명사'로 부릅니다.

명사는 위처럼 '보통 명사'와 '고유 명사'로 분류하기도 하지만, 자립적으로 쓰이느냐 아니냐에 따라 '자립 명사'와 '의존 명사'로 나누기도 합니다. '자립 명사'는 말 그대로 자립적으로 쓸 수 있는 모든 명사를 말합니다. 위에 '단어'라고 지칭한 대부분의 명사들이 이 '자립 명사'에 해당한다고 볼 수 있죠. 반대로 '의존 명사'는 자기 혼자서는 쓸 수 없는 명사들을 이야기합니다. 예를 들면 '것', '뿐', '데' 등이 있죠. 원고를 쓰거나 교정을 할 때 '명사'에서 가장 주의해야 할 것은 바로 이 '의존 명사'입니다. 대부분의 의존 명사들이 조사의 쓰임과 위치가 비슷해, 생각하지 않고 쓰다 보면 의존 명사가 아닌 조사로 쓰는 실수를 낳게 하죠. 본문에서 여러 가지 간단한 예들로 이 '의존 명사'에 대해서도 다뤄볼게요.

'의존 명사'와 함께 심도 있게 다뤄볼 것 중에 또 하나는 바로 '합성 명사'와 '파생 명사'입니다. 합성 명사는 둘 이상의 어근(단어를 분석할 때, 실질적 의미를 나타내는 중심이 되는 부분)이 합쳐져 또 다른 하나의 명사가 된 것을 말하는데요. '마음'과 '속'이 합쳐져 '마음속'이라는 새로운 명사가 생긴 것이 합성 명사라고 할 수 있습니다. 또 '파생 명사'를 이야기할 때는 '접사'를 절대 빼놓을 수가 없어요. 어근에 접사를 더해 새로운 명사가 생겨나는 '파생 명사'에 대해서도 본문에서 자세하게 알아보도록 할게요. 이미 꽤 많은 명사들이 합성이나 파생으로 합쳐져, 붙여 쓰는 것만이 정답인 친구들이 많아요. 저를 포함한 많은 에디터가 매번 등재되어 있는 명사인지 헷갈려 검색해야만 했던 합성 명사, 파생 명사들에 대해서도 함께 알아보도록 해요.

'대명사'의 경우는 아주 간단해요! '너', '나', '우리', '자네' 등 사람을 가리키는 것을 '인칭 대명사', 어떤 사물이나 위치를 가리키는 '이것', '저것', '그것' 따위는 '지시 대명사'라고 부른다는 것만 아시면 됩니다. 단순히 맞춤법을 위해서라면, 대명사의 구분까지 명확하게 달달 외우실 필요도 없어요. 그냥 '이런 것이 있구나!' 정도만 아신다면 그것으로 충분합니다.

마지막으로 다뤄볼 '수사'는 사물의 수량이나 순서를 나타내는 품사를 말하는데요. 일·이·삼, 하나·둘·셋 따위를 보통 '수사'라고 불러요. 특별히 길게 설명할 맞춤법은 없어서, 품사 중에 '수사'라는 것도 있다는 것만 알고 가면 좋을 것 같아요.

조사, 접사를 제외한 모든 것은 띄어 쓴다!

맞춤법 이야기를 꺼내기 전에 먼저 짚고 넘어가야 할 것이 있습니다. 서문에 설명한 9가지의 품사 중 유일하게 앞말과 붙여야 하는 것이 '조사'뿐이라는 이야기인데요. 품사 개념 외에는 접사가 유일합니다. 조사와 접사는 뒤에 더 자세하게 다룰 예정이지만 모든 장을 관통하기 때문에 미리 알아야 하겠네요. '조사'와 '접사'는 꼭 붙여 쓴다는 것. 이것은 꼭 알아두세요. 조사는 우리가 흔히 말하는 은·는·이·가 같은 아이들을 말해요. 조사에 대해서는 2장에서 더 자세하게 알아볼 예정이니,

일단 '조사 빼고 무조건 띄어 쓴다'라고만 알고 계세요!

이 법칙은 명사나 대명사도 예외가 아니에요. 명사와 명사를 나열할 때는 무조건 띄어 써야 합니다. 흔히 구어에서 한 단어처럼 이야기하는 명사들을 붙여 쓰는 경우가 있는데요. '신문 보도', '팔자 주름', '책상 결상', '기술 발달' 같은 것처럼 두 명사가 붙어 있을 때 한숨에 매끄럽게 읽히더라도, 등재되어 있지 않다면 무조건 띄어 써야 합니다. 그럼 이건 어떨까요? '신문광고', '팔자걸음', '책걸상', '기술공정' 같은 거요. 오묘하게 비슷한 느낌의 단어들이죠? 제가 붙여서 쓴 것, 이미 눈치채셨다고요? 예, 맞습니다. '신문광고'와 '기술공정'의 경우에는 띄어 쓰는 것이 허용이나 붙여 써도 되는 명사. 팔자걸음과 책걸상의 경우 붙여 쓰는 것만이 표준어인 명사입니다. 이것들이 바로 앞에 잠깐 설명한 '합성 명사'라는 개념이죠.

그렇다면 그 많은 명사를 달달 외워야 하나요?

그 많은 명사를 모두 기억하는 것은, 국립국어원 할아버지가 와도 힘든 일일 거예요. 물론 자주 나오는 명사들은 잦은 검색으로 뇌리에 박혀 있지만, 저 역시 아는 것보다 검색해 보는 것이 많다고 할 수 있겠네요. 그럼 원고를 볼 때 매번 검색하냐고요? 네, 맞습니다. 조금이라도 애매하다고 생각되는 단어가 있으면, 국립국어원에서 제공하는 표준국어대사전에서 바로 검색합니다. 지금 쓰는 글조차도 무수한 검색으로 쓰고 있어요! 책 부록에 표준국어대사전을 더 똑똑하게 검색하는 방법을 적어 놓았으니, 미리 겁먹지 않도록 해요, 우리!

#합성어 #의존 명사

끝말잇기가 만들어 낸 가짜 명사, 해질녘, 슭곰발

앞에서 끝말잇기에 관한 내용이 나왔으니, 가볍게 끝말잇기 이야기부터 시작하는 게 좋겠네요. 끝말잇기는 지금까지도 많은 사람이 쉽게 즐기는 고전 놀이죠. 약 18년 전, 이 끝말잇기가 국민적인 열풍으로 자리 잡았던 적이 있었습니다. 지금은 국민 MC인 유재석과 강호동이 함께 출연했던 〈공포의 쿵쿵따〉라는 프로그램 때문이었는데요. 지금의 〈나 혼자 산다〉에 버금가는 인기를 얻었던 프로그램으로, 리듬에 맞춰 세 자 끝말잇기를 하는 비교적 단순한 구성의 프로그램이었습니다. 그 당시 엄청난 인기몰이를 했던 만큼, 그때 잘못 사용했던 명사들을 아직까지 사용하는 사람이 많더라고요. 그 대표적인 예로 '해 질 녘'을 들 수 있습니다.

　'해 질 녘'은 해가 질 무렵을 이야기하는 것으로, 지금까지도 SNS에서나 시에서 어렵지 않게 찾아볼 수 있는데요. 일명 '한 방 단어'라는 이름으로 쿵쿵따에서 자주 사용하던 이 단어는 사실 '해 질 녘'으로 띄어 써야 맞습니다. 명사 '해'와 동사 '지다' 그리고 어떤 때의 무렵을 뜻하는 의존 명사 '녘'이 합쳐진 '해 질 녘'은 엄연히 끝말잇기에서 사용할 수 없는 단어였던 거죠. 일반적·보편적으로 두루 쓰이게 되면 표준어로 사전에 등재될 수 있는 표준국어대사전 특성상 언젠간 표준어가 될 수 있다는 기대도 있지만, 현재는 꼭 띄어 써야 한다는 점. 알아두세요! 참고로 '해 질 녘'과 비슷하게, 의존 명사 '녘'을 붙여 하나의 명사로 사용하는 경우가 많은데요. '날 샐 녘', '황혼 녘', '아침 녘', '동틀 녘', '해 뜰 녘' 모두 띄어 써야 하며, 꼭 붙여 쓰고 싶은 경우에는 날이 저물 무렵을 뜻하는 '저물녘'과 날이 샐 무렵을 뜻하는 '새벽녘'과 같은 명사로 사용할 수 있습니다.

　한 방 단어의 대표로 '해 질 녘'이 있었다면 한 방 단어를 물리치는 대표적인 단어로 '늙곰 발'이 있었습니다. '산기슭'이라는 한 방 단어의 방패 역할로 나왔던 이 '늙곰 발'은 사실 아예 없는 단어입니다. '늙곰'은 '큰곰'이라고 불리는 곰과의 포유류를 부르는 옛말로, 옛말이기 때문에 현재는 표준어로 인정하고 있지 않아요. 게다가 '발'이라는 명사를 붙여 명사를 두 개 나열한 셈이죠. 명사와 명사는 합성 명사로 굳어지지 않은 이상 띄어 쓰는 것이라고 말씀드렸죠? '슭곰'이라는 옛말을 꼭 쓰고 싶다면, '슭곰 발'로 띄어 써야 합니다.

그 외에 소싯적 쿵쿵따를 좀 해보셨다면 기억할 한 방 단어들인 '룟샘파'나 '닥울녘' 같은 것도 해당 게임 내에서만 인정한 비표준어이니, 사용에 주의하셔야겠습니다. 끝말잇기를 많이 안 해서 그런 단어가 있는지도 모르셨다고요? 모르셔도 됩니다!

---

1. 해질녘 → 해 질 녘
2. 날 샐 녘, 황혼 녘, 아침 녘, 동틀 녘, 해 뜰 녘, 저물녘, 새벽녘
3. 슭곰발 → 큰곰 발, 큰곰의 발

#표준어 규정 #두음 법칙

끝말잇기에서 빠지지 않는 두음 법칙! 도대체 두음 법칙이 뭔데?

이왕 끝말잇기 이야기가 나왔으니, 끝말잇기에서 빠지지 않던 이 두음 법칙이라는 녀석도 알아보고 갈까요? '녀'와 같이 끝말을 이어가기 어려운 글자가 넘어왔을 때, "두음 법칙이니까 '여'로 시작할 거야!"라고 소리치고는 했었잖아요. 대충 리을이나 니은이 단어의 첫머리에 왔을 때, 이응으로 치환되는 정도로 많이 알고 있으셨을 거예요. 하지만 모든 리을과 니은을 치환하는 것이 아니라, 두음 법칙 나름의 규칙들이 존재해요. 이미 우리가 그렇게 말하고 있기 때문에 굳이 외우려고 할 필요는 없겠지만, 한 번 정도 쭉 훑고 지나간다면 꽤 도움이 될 거예요.

　일단 두음 법칙은 한자음에만 적용된다는 것을 알고 지나가면 좋겠어요. 한자음 '녀, 뇨, 뉴, 니'와 '랴, 려, 례, 료, 류, 리'는 '여, 요, 유, 이'와 '야, 여, 예, 요, 유, 이'로 두음 법칙을 적용해요. 해당 한자음 밑에 받침이 붙는다고 해도 그 규칙은 그대로 적용돼요. 녀성이 아닌 '여성', 량심이 아닌 '양심'으로 적는 것이 그 대표적인 예라고 볼 수 있겠죠. 구태여 이것이 두음 법칙이구나! 하고 지나가지 않았던 무수히 많은 단어가 이미 두음 법칙이 적용되고 있었던 겁니다. 두음 법칙은 무조건 이응으로만 변화하지 않고, 리을에서 니은으로 변하는 아이들도 존재해요. 한자음 '라, 래, 로, 뢰, 루, 르' 같은 경우에는, 단어의 첫머리에서 '나, 내, 노, 뇌, 누, 느'로 변화합니다. 락원이 아닌 '낙원', 래일이 아닌 '내일'로 쓰듯 말이에요. 그 외에 여러 예외적 규칙 또한 존재하지만, 앞서 말했듯 이미 우리가 그렇게 읽고 쓰고 있어 모르더라도 큰 불편은 없으니, 이 정도로만 알고 계셔도 훌륭합니다. 혹, 두음 법칙에 대해 더 깊이 알고 싶으신 분은 붙임1 '두음 법칙'을 참고해 주세요!

---

1. 두음 법칙은 입말로 많이 쓰여, 이미 그렇게 읽고 쓰고 있다.
2. 더욱 자세하게 알고 싶다면 붙임 1을 읽으면 좋다.

#합성어 #명사

마음속? 가슴속? 숲속? '속'은 검색하고 보자!

 명사 '속'은 그 뜻이 9가지 이상이 될 만큼, 꽤 여러 상황 속에서 다재다능하게 쓰이는 명사인데요. '속'은 혼자 쓰일 때에 무조건 앞말과 띄어 써야 하는 명사이기 때문에 왜 조심해야 하나 싶으실 수도 있어요. 하지만 이 '속'이라는 친구는 많은 명사 뒤에 붙어 합성 명사로의 변신을 자주하는 아이예요. '어떠한 것의 속'을 뜻할 때 무조건 띄어 썼다가는 바로 오타가 되어버린다는 얘기죠.

 그중 처음으로 짚어드리고 싶은 단어는, 책에 정말 많이 등장하는 단어인 '마음속'과 '가슴속'입니다. 구어보다는 문어적인 표현이어서 그런지 여러 글에서 쉽게 볼 수 있는 만큼, 쉽게 틀리는 단어인데요. 이 두 단어는 이미 굳어진 합성 명사로, 붙여 쓰는 것만이 맞습니다. 장의 시작 부분에서 살짝 설명했듯 합성 명사로 굳어진 명사들은 수없이 많지만, 대표적인 예로 말씀드리려고 해요.

'마음의 속'을 뜻하는 이 '마음속'과 '가슴속'에서 주의할 점은 우리 신체, 가슴의 속을 이야기할 때는 '가슴 속'으로 띄어 써야 한다는 것입니다. '마음속'을 이야기하는 '가슴속'을 말하고 싶을 때는 '내 가슴속에는 아직도 네가 살아'처럼 쓰고, 물리적인 내 가슴의 속을 이야기할 때는 '제 가슴 속이 꽉 막힌 것처럼 아프고 체한 느낌이 나요'처럼 쓰시면 됩니다. 아차! '머릿속'은 다들 아시죠?

또한 시집에 단골로 등장하는 시어들도 '속'이 붙은 친구들이 많아요. 바로 '바닷속'과 '숲속', '산속'이 그것입니다. 그중 '숲속'의 경우 2016년에 새롭게 표준어로 등재된 단어예요. 그만큼 아직도 띄어 쓰는 것으로 오해하는 분들이 많아요. 그렇다면, '물속'도 있는지 궁금하지 않으세요? 물론 '물속' 또한 붙여서 사용합니다.

하지만, 여기서 재밌는 점이 하나 있는데요. 표준국어대사전에서 찾아보면 '바닷속'은 바다의 속, '산속'은 산의 속으로 등재되어 있지만, '물속'은 '물의 가운데'라는 다소 애매한 풀이로 나와 있어요. 산속을 뜻하는 '산중', 바닷속을 뜻하는 '해중', 물의 가운데를 뜻하는 '수중'까지 같은 한자를 사용하는데, 유독 '수중'과 '물속'만 물의 가운데로 풀이해 놓았더라고요. 물의 가운데라 하면 과연 어디일까요? 수평으로 가운데일까요, 수직으로 가운데일까요?

1. 마음속, 가슴속, 머릿속
2. 숲속, 산속, 물속, 바닷속

#표준어 규정

'삭월세'가 틀린 말?
어원에서 멀게 굳어진 말들.

　국립국어원에서 제공하는 표준어 규정에는 '어원에서 멀어진 형태로 굳어져서 널리 쓰이는 것은 그것을 표준어로 삼는다'는 항이 있습니다. 어원이 밝혀져 있더라도 대중의 어원 의식이 약해져서 어원으로부터 멀어진 형태가 널리 쓰이면 그 말을 표준어로 삼겠다는 규정인데요. 예컨대 '사글세'가 대표적입니다.

　맞춤법에 조금이라도 관심 있으셨던 분이라면, 표준어가 '삭월세'가 아닌 '사글세'라는 것은 알고 계셨을 거예요. 과거에는 '삭월세'와 '사글세'를 모두 표준어로 인정했어요. 하지만 국립국어원은 '삭월세'를 한자어 '朔月貰'로 보는 것이 '사글세'의 음을 단순히 한자로 흉내 낸 것으로 보아, '삭월세'를 아예 탈락시키고 '사글세'만을 표준어로 삼았습니다. 지금은 '사글세'보다 '월세'라는 말을 더 쓰고 있으니, 사실 좀 고전적인 맞춤법 지적이긴 하네요.

'강낭콩'도 위와 비슷한 예예요. 중국의 '강남(江南)' 지방에서 들여온 콩이기 때문에 붙여진 '강남콩'이라는 이름은, 이미 그 말의 뿌리가 희미해져 어원을 인식하지 않고 변한 형태대로 '강낭콩'으로 발음하고 있어, 언어 현실을 반영하여 표준어로 지정한 사례죠. '고샅'을 탈락시킨 '고샷'이나 '위력성당'을 탈락시킨 '울력성당'도 마찬가지입니다. '나팔꽃'도 '나발꽃'으로, '주책'도 '주착'이라고 쓰일 때가 있었죠.

혹자는 해당 규정에 항의하는 경우도 있어요. 아무래도 '어원에서 멀어진 형태로 널리 쓰인다'는 것이 누군가에게는 동의할 수 없게 많이 쓰고 있는 단어일 수도 있고, 본말과 멀게 사용하다 결국 본말이 잊힘을 걱정하기도 하죠. 하지만 이미 '사글세'라는 말도 '월세'에 밀려 많이 쓰이고 있지 않듯, '아무리 어원에 충실하더라도 현실적으로 쓰이지 않는 말은 표준어로 삼지 않겠다'는 항은 그럼에도 필요하지 않을까요? 그렇게 구설이 많았던, 2011년에 등재된 '짜장면'이 언젠가 '자장면'을 탈락시킬지도 모르잖아요!

1. 삭월세 → 사글세
2. 강남콩 → 강낭콩
3. 고샅, 울력성당, 나팔꽃, 주책
4. 짜장면, 자장면

#접사 #파생어 #명사

간단하게 접사와
파생 명사 개념 이해하기

앞에서 살짝 언급했던 '접사'를 기억하시나요? 접사를 간단히 설명하자면, 어떠한 어근이나 단어에 붙어 새로운 단어를 구성하는 부분을 이야기하는데요. 이 접사가 앞에 붙으면 접두사라고 이야기하고, 뒤에 붙으면 접미사라고 이야기합니다. 접두사에는 '맨발', '풋사랑' 등이 있고, 접미사에는 '선생님', '손질' 같은 것이 있죠.

접사가 붙어 새로운 단어가 된 것을 '파생어'라고 하며 지금은 명사만을 알아볼 것이기 때문에 '파생 명사'라고 부를 수도 있습니다. 합성 명사와 크게 다른 점은 합성 명사를 포함하는

'합성어'는 어근과 어근이 합쳐져 새로운 단어가 되었다는 점이고, '파생어'는 어근과 접사가 붙어 단어가 되었다는 점입니다. 더 깊이 들어가면 대등 합성어, 종속 합성어, 융합 합성어 등 맞춤법이 아닌 문법 범위로 확대되어 머리가 지끈지끈해질 테니 이쯤 해야겠네요. 딱 이렇게만 기억하시면 됩니다. '어근+어근'은 합성어, '어근+접사'는 파생어!

다시 접사로 돌아와, 접사는 꽤 많은 명사와 합쳐져 많은 '파생 명사'를 낳았습니다. 방금 이야기한 '맨발'처럼 접두사인 '맨-'과 명사인 '발'이 결합하여 '파생 명사'가 완성된 것이죠. 여기서 '발'이 의미의 중심이 되는 어근이 됩니다. 또한 등재되어 있지 않은 '접두사+명사', '명사+접미사'의 형태라 하더라도 접사의 쓰임으로 쓰였다면 깊게 생각할 필요도 없이 붙여서 쓰시면 됩니다. 그럼 굳이 예를 들어볼까요?

덜 익음을 뜻하는 접두사 '풋-'은 '풋사과', '풋감', '풋고추', '풋과실'과 같은 여러 파생 명사로 이미 표준국어대사전에 등재되어 있습니다. 하지만 '풋오이'나 '풋상추'는 어떨까요? 접사로 쓰고 싶은데, 등재가 되어 있지 않은 경우 말이에요! 국립국어원에서 '풋-'이라는 접사를 찾아보면, '일부 명사 앞에 붙어'라는 괄호가 눈에 띌 거예요. 예문 또한 이미 사전에 등재된 아이들로만 채워져 있어, 등재되어 있지 않으면 접사로 사용하면 안 되냐는 질문을 꽤 많이 받았던 것 같아요. '풋 상추'로 띄어 쓰는 것이 더 이상하지 않나요? 모든 파생어가 사전에 등재된 것이 아니기 때문에 접사의 의미를 활용해서 쓴다면 무조건 파생어로 보고 붙여서 사용하면 됩니다.

---

1. 어근+어근=합성어
2. 어근+접사=파생어
3. 접사는 무조건 붙여 쓴다.

#접사 #파생어 #명사

수꿩? 암평아리? 숫양? 수고양이?
암수 구별은 너무도 힘들어!

대표적으로 어려운 접사 중에 암수를 구별하는 '암-'과 '수-'가 있어요. 동물이나 식물의 앞에 암컷과 수컷을 구분하는 접두사로 쓰이는 이 둘은 기본적으로 '암-'과 '수-'로 쓰기로 이미 규정해 놓은 상태죠. 근데 항상 우리를 어렵게 만드는 것이 있죠? 바로 '예외'라는 것 말이에요. 일반적으로 '수범', '수꿩', '수사자'처럼 '수-'로 쓰기로 했으나, 딱 세 가지 동물에게는 예외를 두기로 했어요. 바로 '숫양'과 '숫염소', '숫쥐'가 그것인데요. '수'와 뒤의 말이 결합할 때, 발음상 [ㄴ(ㄴ)] 첨가가 일어나거나 뒤의 예사소리가 된소리가 되는 경우 사이시옷과 유사하다고 봐, '수'에 시옷을 붙인 '숫'을 딱 저 세 가지 동물에만 붙이기로 했어요. 무슨 소린지 모르시겠다고요? 쉽게 말해, [수쥐]라고 발음하지 않고, [숟쮜]라고 발음하기 때문에, '수'가 아닌 '숫'을 붙이기로 했다는 이야기예요. 외워두면 잘난 척할 수 있는 거리가 늘어나겠지만, 굳이 외울 필요는 없어요. 그때그때 검색해 보면 쉽게 알 수 있거든요!

 '숫'과 함께 우리를 더 헷갈리게 만드는 건, '암-'이나 '수-' 뒤에 오는 자음이 바뀔 때가 있다는 거예요. '암탉'이나 '수평아리' 같은 거요! '암'과 '수'는 역사적으로 '암ㅎ', '수ㅎ'과 같이 히읗을 맨 마지막 음으로 가지고 있는 말이었어요. 지금은 이러한 히읗이 모두 떨어진 형태기 때문에 기본적으로 '수'와 '암'을 붙이는 것으로 규정하였으나, 아홉 가지에는 히읗이 예사소리와 결합하여 만들어진 거센소리로의 축약을 인정하여 예외를 만들었어요. '수캉아지', '수캐', '수컷', '수키와', '수탉', '수탕나귀', '수톨쩌귀', '수퇘지', '수평아리'. 이렇게 아홉 가지만요! '암-'을 붙이고자 할 때도, 똑같이 '암캉아지', '암캐'처럼 씁니다. 이 또한 외울 필요는 없어요. 그때그때 검색해 보면서 자주 쓰는 것만 적응하다 보면 금세 머릿속에 남아 있을 거예요.

 제가 제일 헷갈렸던 친구는 '수고양이', '암고양이'였어요. 발음할 때 [수고양이], [암고양이]로 발음해야 한다지만, 번번이 [숟코양이]나 [암코양이]로 발음하게 되어 매번 사전을 찾아보곤 했죠. '수고양이', '암고양이'로 써야 한다는 사실도 덩달아 잊지 마세요!

---

1. '숫'이 붙는 세 가지!
   (숫양, 숫염소, 숫쥐)
2. '수'나 '암' 뒤에 거센소리를 내는 아홉 가지!
   (수캉아지, 수캐, 수컷, 수키와, 수탉, 수탕나귀, 수톨쩌귀, 수퇘지, 수평아리)
3. 수고양이, 암고양이

#접사 #파생어 #합성어 #명사

이걸 도대체 어떻게 구별해?
윗도리, 웃옷, 위층

'웃'이 맞을까요, '윗'이 맞을까요, '위'가 맞을까요? 정답부터 말하자면, 셋 다 쓰임의 형태가 조금 다릅니다. 일반적으로 위와 아래의 개념이 성립되지 않는 경우에 '웃-'을 붙이고, 그렇지 않은 것들은 '윗-'을 붙이면 되는 아주 간단한 법칙이에요. 윗도리와 아랫도리는 위아래가 구별되므로, '윗도리'처럼 쓰는 것이 맞고, 겉에 입는 옷을 뜻하는 '웃옷'은 위아래의 개념이 성립하지 않으므로 '웃-'을 붙여 '웃옷'이라고 씁니다. 그럼 '윗수염'의 경우는 어떨까요? 위아래의 개념이 있고, '아랫수염'으로도 쓸 수 있으니, '윗-'이 맞겠죠? 아주 완벽히 잘하고 계시네요. 그렇다면 '윗어른'이 맞을까요, '웃어른'이 맞을까요? '아랫어른'이라는 말은 왠지 무척 낯설죠. 맞아요. '웃어른'이 정답입니다! '웃-'이 올지 '윗-'이 올지 헷갈릴 때는 '아래'를 대입해 보아 말이 된다면 '윗'을 말이 되지 않는다면 '웃'을 붙이면 됩니다! 아, 참고로 '윗옷'이라는 명사도 존재해요. '윗옷'은 위에 입는 옷이란 뜻으로 '아래옷'과 대립하는 상의를 말하며, '웃옷'은 겉에 입는 옷을 뜻한답니다. 이제 조금 이해되셨나요?

방금 배운 합성어와 파생어의 개념으로 설명하자면, '윗-'이 붙은 아이들은 '윗'이 접사 형태로 쓰인 것이 아닌 '위'와 '도리'의 두 어근이 합쳐져 만들어진 합성 명사 '윗도리'가 된 것이고, '웃옷'은 실질적 의미를 나타내는 어근인 '옷'에 '웃-'이라는 접사가 붙어 만들어진 파생 명사라고 볼 수 있습니다. 그러므로 '윗-'은 접사로 쓸 수 없고 '웃-'만이 접사로 사용할 수 있습니다. 가령 '기둥'을 윗부분과 아랫부분으로 나누고자 할 때, '윗'을 접사처럼 '윗기둥' 형태로 사용할 수는 없으며 '위 기둥' '아래 기둥'의 형태로 쓰는 것이 맞습니다. 하지만 아래와 위의 대립 없이 '위'라는 의미만을 더하는 용어에는 접사 '웃-'을 붙여 쓸 수 있습니다. '웃-'이 붙으면서 사전에 등재되어 있지 않은 용어는 거의 없으니 접사 '웃-'을 붙여서 새로운 파생어를 만드는 일은 아무래도 없을 것 같지만요. 이렇게까지 몰라도 맞춤법에 큰 영향은 없으니 참고만 하시고 넘기시면 될 것 같습니다.

    그렇다면, 마지막 제시어였던 '위층'은 도대체 어떤 경우일까요? 분명, 위아래 구분이 있는 아이들은 '윗-'을 붙이라고 했는데, 왜 여기에는 '위'가 붙어 있는 걸까요? 바로 '치읓'이 '위'의 열쇠입니다. '윗-' 바로 뒤에 올 자음이 된소리나 거센소리라면, 사이시옷을 빼고 단순히 '위'만을 붙여줍니다. 'ㄲ', 'ㄸ', 'ㅃ', 'ㅆ', 'ㅉ', 'ㅊ', 'ㅋ', 'ㅌ', 'ㅍ'이 이에 해당하여, '위쪽', '위층', '위턱', '위팔' 같이 씁니다. 이 '위-'도 마찬가지로 접사가 아니기 때문에 등재된 명사 외에는 '위창고'처럼 붙여 쓰지 않고 '위 창고'처럼 반드시 띄어 써야 합니다.

---

1. 위아래를 구분할 수 있을 땐 '윗-'
2. 위아래를 구분할 수 없을 땐 '웃-'
3. '윗-' 바로 뒤의 자음이 된소리나 거센소리라면, '위-'
4. 접사로 쓸 수 있는 건 오직 '웃-'

#접사

이중 복수라는 말 들어보셨어요?
여러분들, 우리들, 너희들

접사에 대해서 계속 이야기하고 있으니, 제가 신입 에디터 때 큰 궁금증을 가졌던 복수 접미사 '들'에 대한 이야기를 안 할 수가 없겠네요. '들'이라는 접사로 선배 에디터에게 크게 야단을 맞은 적이 있었거든요.

복수의 의미를 더하는 접미사 '들'은 말 그대로 복수의 의미를 더하는 것이기 때문에 틀리게 쓸 것이라는 의심의 여지가 전혀 없어 보입니다. 하지만 '여러분들'이나 '너희들' 같은 경우는 어떨까요? '여러분'이 이미 복수의 의미를 가지고 있는 명사인데, 복수의 뜻을 더하는 접미사 '들'을 더해서 쓸 때 말이에요. 두 번의 복수 표현이 들어가, 어떻게 보면 문법적으로 굉장히 틀린 것처럼 느껴지지 않으세요? 실제로 신입 에디터 때 '여러분들'이라는 단어를 교정하지 않고 그대로 뒀다가 선배에게 호되게 꾸짖음을 받은 적이 있었어요. 이게 '이중 복수'여서 접사 '들'을 붙이면 안 된다나. 근데 입으로 직접 소리 내어 읽어보면, '여러분들'이라는 단어가 그렇게 이질감을 가져오지 않을뿐더러, 오히려 '들'이 붙었을 때 자연스러운 경우도 많더라고요. 선배가 교정의 근거로 말했던 '이중 복수'라는 것이 뭔지 궁금해 이곳저곳을 뒤져봤어요. 그런데 아무리 여러 규정을 뒤져봐도 이에 관한 규정은 없더라고요.

결론적으로 말하자면, '여러분들'이나 '너희들'처럼 사용해도 전혀 상관이 없습니다. 국립국어원은 접사 '들'의 쓰임이 엄격하지 않고 복수의 의미만 더할 뿐 문법적인 기능을 하지 않는다고 보고, 복수의 의미가 있는 명사에도 '들'이 올 수 있다고 밝히고 있는데요. 이 사실을 선배에게 귀띔하자, 선배는 "군더더기 있는 문장은 좋은 문장이 아니야."라고 항변하시더라고요.

그때 선배의 영향인지 모르겠지만, 저도 글을 쓸 때 복수의 의미가 있는 것에 구태여 '들'을 붙이지 않으려고 하는 것 같아요. 실제로 많은 글쓰기 강좌나 맞춤법 강좌에서도 글의 군더더기로 보고, 쓰지 않기를 권고하기도 하고요. 하지만 맞춤법 규정으로만 봤을 때 강력히 강요할 수는 없으니, 편한 대로 잘 읽히는 대로 쓰시면 될 것 같아요!

---

1. 복수의 의미를 갖는 명사 뒤에도 접미사 '-들'을 붙일 수 있다.
2. 선배가 다 맞는 것도 아니고, 국립국어원이 다 맞는 것도 아니다.

#합성어 #명사

이해해도 어려운 사이시옷, 그 무시무시함 속으로!

사이시옷이라는 말만 들어도 치가 떨릴 정도로 그 규정이 상당히 복잡하다고 느껴지죠? 생각보다 간단하다고 말하고 싶지만 사실 그렇게 간단하지는 않아요. 하지만 모두 외운다는 생각보다는 기본 원리를 파악하고 애매한 때에 사전을 찾다 보면 감으로라도 사이시옷이 들어가야 할 때를 알 수 있을 거예요.

먼저, 사이시옷의 첫 번째 전제는 어근과 어근이 합쳐져 만들어진 합성 명사에만 붙는다는 것인데요. 앞에서 계속 언급했던 접사가 붙어 하나의 명사가 된 파생어에는 이 사이시옷을 붙이지 않습니다. 접사 '-님'이 붙어 '해님'이 된 파생 명사의 경우에는 사이시옷을 붙이지 않고, 발음도 [해님]처럼 해요. '해'와 '빛'이 합쳐진 합성 명사 '햇빛'에는 사이시옷을 넣어 [해삗/햍삗]처럼 발음해요.

두 번째 전제는 합성하고자 하는 앞 명사의 끝말에 받침이 없어야 해요. 너무 당연해서 깜짝 놀랐다고요? 당연히 앞 명사 끝말에 받침이 없어야, 시옷이 올 자리가 생기겠죠! '강'과 '가'가 합쳐진 '강가'의 경우에는 사이시옷이 들어갈 자리가 없죠. '내'와 '가'가 합쳐진 '냇가'에는 사이시옷이 들어갈 자리가 생겼네요!

마지막 전제는 1. 순우리말로 된 합성어 2. 순우리말과 한자어로 된 합성어 3. 두 음절로 된 한자어인데요. 3에 해당하는 단어는 '곳간', '셋방', '숫자', '찻간', '툇간', '횟수' 이렇게 딱 6개에만 사이시옷을 붙이기로 약속했어요.

너무 복잡하다고요? 사실 사이시옷이 들어가는지에 대해서 여러 전제를 따져보는 것보다 사전을 찾아보는 방법이 가장 쉽죠. 저 또한 사이시옷을 매번 전제를 따져가며 넣는지 안 넣는지를 판단하지는 않는 것 같아요. 가장 구분하기 쉬운 방법은 아무래도 사전을 찾아보는 것이지만, 그다음으로 쉬운 방법은 읽을 때의 '발음'입니다.

'바다'와 '가'가 만나 새로운 합성 명사를 만들 경우 [바다가]

라고 그대로 읽는 것은 무척이나 어색하죠. 이미 우리의 몸에 체득되어 [바다까]나 [바단까]로 읽게 돼요. '비'와 '물'이 합쳐진 '빗물'은 어때요? [비물]이라고 읽으려니 무언가 어색하죠. 입에서 저절로 [빈물]이라고 발음돼요. 제대로 된 공식이 아니더라도, 소리 내어 읽는 것만으로 어느 정도 유추할 수 있으니, 너무 겁먹지 않으셔도 돼요. 혹, 그럼에도 사이시옷을 완파하고 싶으신 분이 있으시다면 붙임2의 '사이시옷'을 참고해 주세요!

1. 합성 명사에만 사이시옷을 붙인다.
2. 합성하고자 하는 앞 명사의 끝말에 받침이 없어야 한다.
3. 순우리말로 된 합성어나 순우리말과 한자어로 된 합성어만 발생한다.
4. 한자로 이루어진 합성 명사 중에서는 딱 6개에만 사이시옷이 들어간다.

#겹말 #명사

같은 뜻이 두 번!
역전 앞, 방금 전, 어떤 혹자

맞춤법 관련한 문제나 자료에 단골손님처럼 등장하는 '역전 앞'이라는 말. 많이 들어보셨죠? 다들 아시다시피 역의 앞을 뜻하는 '역전'에 '앞'이라는 단어를 한 번 더 붙여 같은 뜻이 두 번 반복되어 틀린 예로 많이 등장해요.

사실 '역전 앞'처럼 사용을 지양하는 것들도 있지만, 같은 뜻의 말이 겹쳐 이미 등재되어 있는 '겹말'이란 것도 있어요. 집이라는 뜻이 내포되어 있는 '처가'와 '집'이 만난 '처갓집'이라던가, 나무라는 뜻을 내포하고 있는 '고목'에 '나무'를 덧붙여 '고목나무'라고 부르는 것처럼 이미 명사로 굳어져 등재되어 있는 것들을 겹말이라고 부릅니다. 간혹 '역전 앞'이나 '방금 전' 같은 등재되어 있지 않은 것들도 겹말이라고 표기하거나 부르는 곳들이 많은데요. 구태여 따지고 들자면 등재되어 있지 않은 것들은 '의미 중복 표현'이라고 부르는 것이 맞겠습니다.

'역전 앞'은 그렇다 치고, 그럼 '방금 전', '어떤 혹자', '하루 종일'처럼 자주 사용하여 어색하지 않은 의미 중복 표현을 사용한다면 아예 '틀린 말'이 되는 것일까요? 사전에 한 단어로 오른 표준어가 아니라면 쓰지 않는 것이 좋습니다. 이는 교정에서 군더더기로 보고 사용을 지양하자는 것인데요. '방금', '혹자', '온종일' 같은 형태로 쓰는 것이 좋겠습니다.

혹자는 우리말의 특성이기 때문에 의미 중복 표현을 억지스럽게 다듬는 것이 더 이상하다고 말하기도 해요. 수정하면 좋은 군더더기인 것이지 '틀렸다'라고 할 수 있는 규정 근거가 있는 것은 아니니, 시의 운율 때문이나 등장인물이 하는 구어 등의 이유로 꼭 쓰고 싶으시다면 사용해서도 됩니다.

1. 의미 중복 표현으로 등재가 된 것은 '겹말'이라고 부른다.
2. 등재가 되어 있지 않다면 '의미 중복 표현'이라고 부르는 편이다.
3. 진짜 어떻게든 꼭 쓰고 싶다면 써도 된다.

#첩어 #명사

첩어에 대해서 알아보자. 집집, 곳곳, 겹겹

 같은 뜻을 두 번 쓰는 겹말에 대해서 배워봤으니, 같은 음을 두 번 쓰는 '첩어'에 대해서도 알아볼까요? 꼭 알 필요는 없지만 알아두면 은근히 재밌어요! 주로 같은 명사나 부사를 반복하여 쓰는 경우에 한하여 '첩어'라고 부르며, 이미 사전에 등재되어 있는 '집집', '곳곳', '겹겹' 같은 것들이 명사형의 대표적인 예라고 할 수 있습니다. 또 대부분의 의성어나 의태어들은 부사를 반복하여 쓰는 '첩어'라고 생각하시면 됩니다. '와글와글', '두리번두리번', '웅성웅성' 같은 것들 말이에요.

 하지만 여기서 짚고 넘어갈 점은, 첩어는 새로 만들어 쓰이는 것이 상대적으로 자유로워 가끔은 혼란스럽다는 건데요. 첩어를 붙여 쓴다는 조항이 따로 있는 것은 아니지만, 사전에 오른 첩어가 이미 생산적으로 만들어져 사용된다는 점을 고려하여 첩어를 이루는 구성이라면 붙여 쓰는 것이라고 봐요. 사전에 등재되어 있지 않더라도 어떠한 단어를 강조하기 위해 반복하여 사용한 경우, 이를 첩어라고 보고 붙여 써야 한다는 것이죠.

이게 무슨 말이냐면, 굳이 '매일매일'이라는 첩어를 두고 '맨날맨날'이라는 표현을 쓰고 싶을 때는 등재가 되어 있지 않더라도 첩어의 형태로 보아 '맨날맨날'로 붙여 써야 한다는 이야기입니다. 하지만 대부분의 출판사는 이것을 '틀렸다'고 보고 반복되는 부분을 '맨날'로 수정하는 경우가 흔하죠. 먼저 설명했던 겹말처럼 시의 운율이나 등장인물이 하는 구어 등의 이유로 꼭꼭 쓰고 싶으시다면 말리고 싶지는 않아요. 하지만 보편적이고 예쁜 문장이 완성되는 것은 아니니, 개인이 고려해야 할 문제 같아요!

마지막으로 '준첩어'라는 것도 그냥 알고만 갈게요. '이판사판', '갈팡질팡', '허둥지둥'처럼 발음이나 뜻이 비슷한 말이 겹쳐진 형태를 '준첩어'라고 불러요. 보통 부사인 의성어나 의태어에서 많이 보이는 형태예요. 그냥 이런 것도 있구나, 정도로만 알고 가세요!

> 1. 명사, 부사를 반복하여 쓰는 것을 '첩어'라고 한다.
> 2. 발음이나 뜻이 비슷한 말을 반복하여 쓰는 것은 '준첩어'라고 한다.

#의존 명사

의존 명사에 대해서
조금 더 깊이 알아볼까요?

앞에서 잠깐 명사는 혼자서 쓸 수 있는 자립 명사와 앞에 꾸며 주는 말이 있어야 쓸 수 있는 의존 명사로 나뉜다고 언급했었습니다. 의존 명사는 자칫 '의존'이라는 언어 때문에 앞말과 붙여 써야 한다고 생각하시는 분들도 있는데요. 의존 명사 또한 다른 명사들처럼 띄어 써야 합니다. 그런데 의존 명사는 함정이 조금 많아요. 대부분의 의존 명사가 조사나 어미, 접사의 자리에 쓰여 자칫 헷갈리기 쉬워서 붙여 쓰는 경우가 진짜 많거든요. 잠깐 아래의 예를 볼게요.

1. 높은 데 올라가자. (의존 명사)
2. 너무 높은데? (어미)
3. 그 산 참 높데. (어미)

세 예시 모두 '데'가 쓰였지만, 모두 다른 의미를 가지고 있는 '데'입니다. 첫 번째 '데'는 장소를 뜻하는 의존 명사로 명사이기 때문에 당연히 앞말과 띄어 써야죠. 두 번째 '데'는 어미 '-ㄴ데'가 붙은 것으로, 어떤 일을 설명하거나 묻거나 시키거나 제안하기 위하여 그 대상과 상관되는 상황을 미리 말할 때에 쓰는 연결 어미로 사용되었습니다. 마지막 세 번째 '데'는 과거 어느 때에 직접 경험하여 알게 된 사실을 현재의 말하는 장면에 그대로 옮겨 와서 말함을 나타내는 종결 어미로 쓰였습니다. 어미가 무엇이냐고요? 어미와 관련된 이야기는 뒤에서 더 자세하게 다룰 테니, 조금만 기다려주세요! 이렇게 어미와 헷갈리게 하는 친구가 있다면, 조사와 헷갈리게 하는 의존 명사도 많습니다.

1. 과거일 뿐이잖아. (의존 명사)
2. 과거뿐이잖아. (조사)

두 예시의 뉘앙스 차이가 느껴지시나요? 위의 '뿐'은 다만 어떠하거나 어찌할 따름이라는 뜻으로 의존 명사가 쓰인 것이고, 아래는 '그것만이고 더는 없음'을 나타내는 보조사로 쓰인 경우입니다. 뜻도 완전히 달라졌죠. 이런 오묘한 차이들 때문에 의존 명사를 붙여 쓰는 사람들이 꽤 많아요. 우리가 헷갈려 할 만한 의존 명사의 경우는 뒤의 조사와 어미를 다룰 때 다른 여러 예를 통해 자세히 알아보기로 하고요. 일단은 이런 것이 의존 명사구나, 정도로 넘어가도록 할게요.

1. 의존 명사도 무조건 띄어 써야 한다.
2. 어미나 조사와 헷갈리지 말자.

#의존 명사

의존 명사의 법칙을 무시해?
반찬거리, 논문거리

 혹시 의존 명사가 아직 헷갈리시는 분께서는 이 꼭지를 그냥 지나치셔도 좋습니다. 의존 명사에 대한 기묘한 이야기를 하려고 하거든요. 언어라는 것은 완성이라는 종착역 없이 계속 다듬어지고 수정되는 것이잖아요. 앞으로 수정되어야 할 것 같은 기묘한 의존 명사 하나를 소개하려고 해요.

 앞에서 배운 것을 다시 정리하자면, 명사와 명사는 무조건 띄어 써야 하며 의존 명사 또한 무조건 앞말과 띄어 써야 한다고 배웠습니다. 그렇죠? 근데 여기 이 대전제를 뒤엎어 버리는 의존 명사가 하나 있어요. 바로 '거리'라는 의존 명사입니다.

길거리를 뜻하는 명사 '거리'가 아니라 '반찬거리', '국거리'처럼 쓰이는 의존 명사 '거리'요!

'내용이 될 만한 재료'라는 뜻을 가진 의존 명사 '거리'는 '-을' 뒤에서는 꽤 의존 명사 같은 모습을 보입니다. 예를 들면 '토의할 거리'나 '일할 거리'처럼 말이에요. 그런데 이 친구가 명사 뒤에만 붙으면 전혀 의존 명사의 형태로 사용되질 않아요. '반찬거리', '논문거리', '놀이거리'처럼 꼭 붙여서 사용해야 하거든요. 꼭 붙여 써야 하는 의존 명사라… 상당히 모순적인 명사라고 느껴지죠? 국립국어원에서도 설득력 있는 근거 없이 의존 명사 '거리'의 특성이라고만 말하고 있어, 처음 이 명사를 접했을 때 프라이팬으로 머리를 얻어맞은 느낌이었어요.

여러분도 '거리'의 특성에 유의하여, '놀 거리'와 '놀이거리'처럼 '-을' 뒤에는 띄어서, 명사 뒤에는 붙여서 사용하시면 됩니다. 여기서 또 주의해야 할 것은 '먹을거리'처럼 '-을' 뒤에 붙더라도 이미 하나의 명사로 등재된 명사도 있으니, 꼭 사전을 찾아보시는 것을 추천해요.

1. '거리'는 의존 명사지만, 명사 뒤에 올 때 붙여 쓴다.
2. 토의할 거리, 토의거리, 반찬거리, 논문거리, 먹을거리

#의존 명사

단위를 나타낼 때에도 당연히 띄어 써요!

단위를 나타낼 때, 띄어 써야 한다는 것을 알고 있으면서도 쉽게 붙여서 써버리는 경우가 저 또한 잦은데요. 소리 내어 읽을 때 쉼 없이 바로 읽어버려, 주의한다고 해도 쉽사리 붙여 쓰곤 하죠. '한 개', '차 한 대', '소 한 마리', '집 한 채'처럼 모든 단위는 띄어 써야만 합니다. 하지만 순서를 나타내거나 숫자와 어울려 쓰이는 경우에는 붙여 쓰는 것을 허용하기도 해요. '일학년', '육층', '차 3대'처럼 말이죠. 또 앞에 '제'가 온다거나, '제'가 생략되더라도 차례를 나타내는 말일 때는 붙여 쓸 수 있어요. 가령 '제7항', '제10조', '오십일번', '이십회'처럼 말이에요.

또 '사단'이나 '연대', '층' 같은 아이들도 붙여 씀을 허용하고 있고, 연월일과 시각도 '여덟시', '오월'처럼 붙여 쓰는 것이 가능합니다. 단위에 대한 띄어쓰기 허용은 붙임3에 더 깔끔하게 정리해 놓을게요. 허용 범위까지 외울 필요는 당연히 없지만 명확히 사용하셔야 할 때는 붙임을 참고해 주세요!

단위 띄어쓰기에서 가장 고민이 되는 부분은 바로 '한 번'의 띄어쓰기예요. 명사 또는 부사 '한번'과 숫자를 세는 '한 번'과 혼동하기 쉬워 많은 사람이 일단 띄어 쓰고 보는 일이 잦죠. '한번'에는 꽤 많은 뜻이 있어요. 아래 예문을 보면서 어떤 식으로 사용이 되나 확인해 볼게요.

1. 일단 한번 해보자.
2. 언제 한번 밥 먹어요.
3. 한번은 이런 일도 있었어.
4. 밥 한번 잘 먹네.
5. 한번 물면 절대 안 놓아.

'한번'은 지난 어느 때를 이야기하거나, 어떤 일을 시험 삼아 시도할 때, 또 어떠한 기회가 있는 때, 어떤 행동이나 상태를 강조할 때, '일단 한 차례'의 뜻으로 쓰일 때. 이렇게 다섯 가지의 경우에 붙여 씁니다. 단위의 형태가 아닌 명사와 부사의 형태인 것이죠. 그래서 도대체 언제 띄어 써야 하냐고요? '한번'을 '두 번', '세 번'으로 바꾸어 사용해 봤을 때, 그 뜻이 통하면 '한 번'으로 띄어 쓰고 그렇지 않으면 '한번'으로 붙여 쓴다고 생각하시면 됩니다. 또, 치환이 모호하게 느껴지더라도 1회를 뜻하는 말을 하고 있다면 '한 번'으로 띄어 쓰시면 됩니다. 아래 예문을 통해서 더 구체적으로 구별해 볼까요?

1. 한번 해볼래요.
2. 한 번 했어요.

띄어쓰기로 인한 뉘앙스 차이를 느끼셨나요? 첫 번째는 시험 삼아 시도한다는 의미를 내포하고, 두 번째는 딱 한 번 했다는 의미를 내포하고 있어요. 이제 조금 구별할 자신이 생기지 않으셨나요? '한번'의 띄어쓰기로 에디터끼리 논의가 있을 정도로 문장에 따라 구별이 직관적이지 않을 수 있으니 꼭 조심하세요!

---

1. 단위는 모두 띄어 쓴다.
2. 때때로 붙이는 것을 허용하는 아이들이 있다.
3. '한번'을 쓰고자 할 때는 주의하자.

#합성어 #파생어 #명사

띄어 쓰면 다른 의미가 된다고요?
에디터도 다시 보는 명사들

바로 앞에서 이야기했던 '한번'과 '한 번'처럼 띄어쓰기 하나만으로 문장 전체의 의미를 뒤엎어버릴 수 있는 명사들이 꽤 많아요. 그중 제가 겪어봤던 몇 명사들을 소개해 볼까 해요. 먼저 '한번'과 비슷한 '한잔'인데요.

1. 언제 한잔하자.
2. 진짜 한 잔만 마신 거야?

'한번', '한 번'과 무언가 비슷하죠? '한잔'은 간단하게 한 차례

마시는 차나 술 따위를 이야기하고, '한 잔'은 정말 딱 한 잔을 이야기합니다. 사용하는 상황이 뉘앙스에 따라 크게 달라져서 그렇게 구별이 어렵지는 않으시죠? 그렇다면, 아래 예시는 정말 어떻게 다른 걸까요?

1. 집안이 엉망진창이네.
2. 집 안이 엉망진창이네.

어떻게 보면 똑같은 의미로 전달이 되는데, 여러분은 어떤 '집안'을 생각하셨나요?

붙여 쓴 '집안'의 경우에는 가족을 구성원으로 하여 살림을 꾸려나가는 공동체 또는 가까운 일가를 뜻하는 말로, '집안 대대로 물려오는 가보'처럼 쓰여요. 1번 예시의 집안 상황이 그렇게 좋지 않나 봐요.

그렇다면 '집 안'은 어떨까요? 말 그대로 집의 안을 이야기합니다. '집 안 청소 좀 해'처럼 쓰여서 직접적인 집의 안을 나타내는 거죠. 어때요? 이제 슬슬 헷갈리기 시작하시나요?

'다음날'은 미래의 불특정한 어떤 날을 뜻하고, '다음 날'은 내일을 말한다거나 '천년'은 오랜 세월을 뜻하고 '천 년'은 정말 물리적인 1,000년을 의미한다거나 하는 것 따위의 헷갈리는 단어들이 정말 많아요. 사전에 등재되어 있다고 무작정 사용하기보다는 그 쓰임에 확실히 맞는지 꼭 확인하고 사용해야 하겠죠?

1. '한잔'은 간단하게 한 차례. '한 잔'은 정말 한 잔.
2. '집안'은 가족 공동체나 일가. '집 안'은 집의 안.
3. '다음날'은 미래의 어떤 날. '다음 날'은 내일.
4. '천년'은 오랜 세월. '천 년'은 1,000년.

#의존 명사

이름과 성은 붙이는 게 맞나요?
이름과 호칭

 부모님이나 할머니, 할아버지께서 이름을 쓰실 때 간혹 성(姓)과 이름을 띄어 쓰시는 것을 목격한 적이 다들 있으실 거예요. 그도 그럴 것이 한글 맞춤법이 만들어진 1988년에서부터야 성과 이름을 붙여 쓰는 것이 좋겠다는 규정이 생겼기 때문이에요. 그전까지는 특별히 성과 이름의 띄어쓰기에 대한 규정이 없었죠.

 국립국어원에서는 성과 이름이 각각 독립적인 단어라고 인정하면서도, 하나의 고유 명사임을 무시할 수 없고 성과 이름을 분리하여 생각하기 어려운 면이 있다고 이야기하고 있어요. 또한 우리나라 사람의 성은 거의 한 음절로 되어 있어서 직관적으로 한 단어처럼 느껴지지 않아 성과 이름을 붙여 쓰도록 하고 있죠. 하지만 '선우용녀'처럼 '선우 용녀'인지 '선 우용녀'인지 성과 이름이 혼동될 경우에는 띄어 쓸 수 있습니다.

그렇다면 이름이나 성 뒤에 오는 호칭은 어떨까요? '씨', '군', '양', '교수', '박사', '옹' 등의 호칭도 당연히 명사이기 때문에 무조건 띄어 써야 합니다. 호칭에는 아무런 예외가 없습니다. 최근, 인터넷의 발달로 인해 그 사용이 두드러지는 호칭이 하나 있죠? 바로 '님'인데요. '교수님', '달님', '부처님'처럼, 1. 직위나 신분 2. 인격화하는 명사 3. 옛 성인이나 신격화된 인물에게는 접사인 '-님'을 붙여 쓸 수 있습니다. 하지만 인터넷 문화 속의 이름이나 닉네임 뒤에 붙이는 칭호로는 의존 명사 '님'을 사용하는 것이기 때문에 사실은 띄어 써야 합니다.

'님' 이야기가 나왔으니 하나 덧붙이자면, '님이 먼저 그랬잖아요!'와 같이 인터넷에서 흔하게 사용하는 말들은 사실 '틀린 말'이라고 할 수 있습니다. '님'은 앞서 말한 의존 명사와 접사의 의미만을 담고 있기 때문인데요. 구태여 이 틀린 말을 쓰고 싶다면 '임이 먼저 그랬잖아요!'와 같이 두음 법칙을 적용함이 맞습니다. 하지만, 현재 '임'의 뜻은 '사모하는 사람'이라는 뜻 외의 다른 뜻은 담지 않고 있기 때문에, 이 표현 또한 사실 맞았다고는 할 수 없겠네요.

'님'과 함께 많이 틀리는 호칭은 바로 '씨'입니다. 이름이나 성 뒤에 그 사람을 높이는 호칭으로 사용하는 의존 명사 '씨'는 위에서 언급한 것처럼 무조건 띄어 쓰는 것만이 맞습니다. 하지만 해당 성씨 자체를 말하거나, 성씨의 가문을 뜻할 때는 접미사인 '-씨'를 써, 붙여 써야 합니다.

1. 김 씨는 김씨의 자랑이에요.
2. 박씨 성을 가진 박 씨.

위의 예시처럼 호칭과 성씨를 구별한다면 그렇게 어려운 것은 아니니 헷갈리지 않도록 주의하도록 해요!

---

1. 호칭은 무조건 띄어 쓴다.
2. 이름이나 닉네임 뒤의 '님'도 사실은 띄어 써야 한다.
3. '씨'는 성씨를 말할 때는 붙여 쓴다.

#대명사

그렇게 어려울 것 없어요. 대명사의 띄어쓰기

앞에서 구태여 '너', '나', '우리', '자네' 등 사람을 가리키는 '인칭 대명사'와 어떤 사물이나 위치를 가리키는 '이것', '저것', '그것' 따위의 '지시 대명사'로 나누긴 했지만, 맞춤법에 있어 대명사는 그렇게 어렵지 않아요. 일반적인 명사의 사용과 다르지 않기 때문에 특별히 길게 할 말도 없네요.

하지만 한 가지 말씀드리고 싶은 것은 지시 대명사 '이', '그', '저'로 시작하는 단어일 때에 그 뒷말이 어떤 게 오는지 확인할 필요가 있다는 거예요. '그'만을 명사로 인식하고 뒷말을 띄어 쓴다면 이내 오타가 되어버릴 거예요. '그것'이나 '그곳' 같은 것은 쉽게 붙여 쓰는 것을 생각해 낼 수 있으시죠? 하지만 이뿐 아니라 '그거', '그년', '그놈', '그따위', '그분', '그쪽', '그자', '그편' 등 이미 꽤 하나의 대명사로 붙여 쓰는 아이들이 많으니, 꼭 뒤에 오는 단어를 신경 써주세요.

그 외에 대명사로 등재된 재미있는 단어를 소개하자면 바로 '거시기'를 들 수 있겠네요. 흔히 사투리로만 인식하고 있어 표준어라고 생각하지 않는데, 이름이 얼른 생각나지 않거나 바로 말하기 곤란한 사람이나 사물을 가리킬 때 쓸 수 있는 표준어입니다. '집에 거시기 있어요?'라고 당당히 쓰셔도 됩니다!

1. 이, 그, 저 뒤에 뭐가 오는지 주의하자.
2. '거시기'는 표준어이다.

#수사

쉬워도 너무 쉽다
수사는 뭐지?

 앞에서 간단하게 설명했듯 수사는 사물의 수량이나 순서를 나타내는 품사입니다. 일·이·삼, 하나·둘·셋 같은 수량을 나타내기도 하고, 첫째·둘째·셋째와 같이 순서를 나타내기도 하죠. 수사의 맞춤법은 명사와 다르지 않아 앞뒤의 말과 띄어 쓰면 되어 특별히 길게 할 말이 없는 것이 사실이에요. 그 때문에 때로는 명사의 하위로 분류되기도 하죠.

 명사와 크게 다른 점은 1. 관형어의 꾸밈을 받지 못하고 2. 복수 접미사에 의하여 복수가 될 수 없다는 것인데, 흔히 글을 쓸 때 이미 그렇게 쓰고 있어요. '어느 삼십'이나 '이십들'처럼 쓰지 않잖아요! 수사에서는 간단하게 의외의 수사 몇 가지만 짚어볼게요.

1. 나를 싫어하는 사람은 하나둘이 아니야.
2. 하나둘씩 나를 떠나가기 시작했다.

'하나둘'의 경우 하나나 둘쯤 되는 수를 뜻할 때는 수사. 부정적인 언어와 호응하여 '조금'의 뜻을 나타내거나 적은 수부터 서서히 시작됨을 나타낼 때는 명사로 쓰여요. 크게 구별할 이유는 없지만, 수량을 나타낼 때도 '하나, 둘'이 '하나둘'이나 '한둘'로 붙여 쓴다는 것만 알고 계시면 돼요. 첫 번째 예시는 수사로 사용되었고, 두 번째 예시는 명사로 사용되었음을 이미 아셨겠죠?

1. 수십의 사람.
2. 수십 명의 사람.

앞서 말한 수를 세는 수사들은 사용에 따라 관형사가 되기도 하는데요. '수십 명'처럼 수 뒤에 단위를 세는 의존 명사가 올 경우에는 이 단위를 꾸며주는 관형사가 돼요. 하여, 첫 번째 예시는 '수사'이고 두 번째 예시는 '관형사'가 되는 것입니다. 관형사에 대해서는 네 번째 장에서 조금 더 자세히 다룰 예정이에요.

> 1. 수사는 수량이나 순서를 나타내는 품사이다.
> 2. 수사는 대체로 명사와 맞춤법이 비슷하다.

#신조어 #합성 명사

꼭 신조어를 써야 한다면, 기준을 어떻게 할까?

꼭 신조어를 써야 한다는 상황. 이해가 가시나요? 예를 들어 '반려동물'은 비교적 최근인 2014년 3/4분기에 등재되어 현재까지도 많이 쓰이고 있는 단어입니다. 하지만 '반려견'이나 '반려묘' 같은 경우는 어떨까요? 대체할 수 있는 '애완견'이라는 단어가 있지만, '애완'이라는 말을 지양하자는 요즘의 정서와는 그렇게 가깝지 않죠. 더군다나 '애완묘'라는 단어는 아예 없어, 집에서 기르는 고양이를 부를 수 있는 단어는 '집고양이'와 '집괭이'만이 유일해요. 사람이 기르지 않고 길에서 기르는 고양이를 부르는 용어는 '길 고양이'가 아닌 '도둑고양이'만 등재되어 있어 어감이 좋지 않은 명사를 써야 하죠.

그런데 내가 현재 쓰는 글이 유기묘와 반려묘를 위한 것이라면 어떨까요? 자주 등장해야 하는 단어인 '유기묘'와 '반려묘'를 매번 '유기 묘'와 '반려 묘'로 띄어 쓰다 보면, 정말 정신없는 문장이 될 것은 불 보듯 뻔할 뿐더러 '묘'만을 따로 떼어 쓰는 것이 가독성에도 별로 도움이 될 것 같지는 않죠. 그렇다고 등재되어 있는 '도둑고양이' 같은 용어를 사용하자니 마음이 썩 내키지 않을 것 같고요.

이런 애매한 상황에서 저는 국립국어원에서 제공하는 '우리말샘'에서 검색하여 해당 뜻과 일치한다면 그대로 쓰는 편이에요. 한글을 사용하는 우리 모두 주체가 되어 예전에 사용되었거나 현재 사용되고 있는 어휘를 더욱 다양하고 알기 쉽게 수록하고 있거든요. 우리말샘은 모든 사람이 편집에 참여할 수 있으며 신어나 방언, 전문 용어 등 다방면으로 등재되어 있어요.

물론 표준어로 인정하는 것은 아니지만 꼭 써야 하는 신조어의 경우 우리말샘에서 검색 후 쓰려고 하는 단어의 뉘앙스가 맞는지 확인 후 쓴다면 더욱더 좋을 것 같아요.

국립국어원은 2,000년부터 신어 조사 작업을 시행하여 매년 보고서를 발간하고 있고, 신어 중 그 쓰임이 완전히 굳어져서 일반인들에게도 하나의 단어로 인정될 수 있다고 판단되면 새로운 표제어로 올리는 것을 검토하고 있어요. 신조어라고 무조건 지양해야 하는 것은 아니라는 거죠!

> 1. 필연적인 신조어 사용이라면, 우리말샘을 검색하자.
> 2. 신조어의 쓰임이 굳어지면 하나의 단어로 인정받을 수 있다.

TEST

그 자는 집안에 있던

윗옷 한장만을 걸친 채,

해질녘쯤 늙곰의 발자취를 찾으러

숫강아지와 함께 바다가 근처로

딱 한번 나갔을뿐이다.

정답: 그자는 집 안에 있던 웃옷 한 장만을 걸친 채,
해 질 녘쯤 늙은곰의 발자취를 찾으러
수캉아지와 함께 바닷가 근처로 딱 한 번 나갔을 뿐이다.

두음 법칙

한글 맞춤법 3장 5절

제10항 한자음 '녀, 뇨, 뉴, 니'가 단어 첫머리에 올 적에는, 두음 법칙에 따라 '여, 요, 유, 이'로 적는다. (ㄱ을 취하고, ㄴ을 버림.)

ㄱ	ㄴ	ㄱ	ㄴ
여자(女子)	녀자	유대(紐帶)	뉴대
연세(年歲)	년세	이토(泥土)	니토
요소(尿素)	뇨소	익명(匿名)	닉명

다만, 다음과 같은 의존 명사에서는 '냐, 녀' 음을 인정한다.

> 냥(兩)   냥쭝(兩-)   년(年) (몇 년)

[붙임 1] 단어의 첫머리 이외의 경우에는 본음대로 적는다.

> 남녀(男女)   당뇨(糖尿)   결뉴(結紐)   은닉(隱匿)

[붙임 2] 접두사처럼 쓰이는 한자가 붙어서 된 말이나 합성어에서, 뒷말의 첫소리가 'ㄴ' 소리로 나더라도 두음 법칙에 따라 적는다.

> 신여성(新女性)   공염불(空念佛)   남존여비(男尊女卑)

[붙임 3] 둘 이상의 단어로 이루어진 고유 명사를 붙여 쓰는 경우에도 붙임 2에 준하여 적는다.

> 한국여자대학   대한요소비료회사

해설

제10항~제12항에서는 국어의 두음 법칙을 규정하였다. 두음 법칙은 단어의 첫머리에 특정한 소리가 출현하지 못하는 현상을 말한다. '녀, 뇨, 뉴, 니'를 포함하는 한자어 음절이 단어 첫머리에 올 때는 'ㄴ'이 나타나지 못하여 '여, 요, 유, 이'의 형태로 실현되는데, 이 조항에서는 이러한 두음 법칙의 내용을 규정하였다.

> 연도(年度)   열반(涅槃)   요도(尿道)
>
> 이승(尼僧)   이공(泥工)   익사(溺死)

그런데 여기에는 예외가 있다. 한자어 음절이 '녀, 뇨, 뉴, 니'를 포함하고 있더라도 의존 명사에는 두음 법칙이 적용되지 않는다. 이는 의존 명사는 독립적으로 쓰이기보다는 그 앞의 말과 연결되어 하나의 단위를 구성하기 때문이다.

즉 '냥, 냥쭝, 년' 등과 같은 의존 명사는 한글 맞춤법 제42항에 따라 앞말과 띄어 쓰지만 언제나 의존하는 대상과 하나의 단위로 쓰인다. 이러한 이유로 이 말들은 독립된 단어로 잘 인식되지 않고, 그 결과 단어의 첫머리에도 '연도, 열반' 등과 달리 두음 법칙이 적용되지 않는다. 따라서 소리 나는 대로 적는다.

| 십 년 | 금 한 냥 | 은 두 냥쭝 |

따라서 '年', '年度'처럼 의존 명사로 쓰이기도 하고 명사로 쓰이기도 하는 한자어의 경우에는 두음 법칙의 적용에서 차이가 난다. '년, 년도'가 의존 명사라면 '연, 연도'는 명사이다.

| 연 강수량(명사) | 일 년(의존 명사) |
| 생산 연도(명사) | 2018 년도(의존 명사) |

[붙임 1] 단어의 첫머리가 아닌 경우에는 두음 법칙이 적용되지 않으므로 본음대로 적는 것이다.

| 소녀(少女) | 만년(晩年) | 배뇨(排尿) |
| 비구니(比丘尼) | 운니(雲泥) | 탐닉(耽溺) |

[붙임 2] '신–여성, 구–여성, 공–염불'은 이미 두음 법칙이 적용된 자립적인 명사 '여성, 염불'에 '신–, 구–, 공–'이 결합한 구조이므로 '신여성, 구여성, 공염불'로 적는다. '접두사처럼 쓰이는 한자'라고 한 것은 '신(新), 구(舊)'와 같은 한자를 접두사로만 단정하기 어렵다는 점을 밝힌 것이다. 실제로 '구(舊)'는 '구 시민 회관'과 같은 구성에서는 관형사로도 쓰인다. '남존–여비, 남부–여대' 등은 엄밀히 말하면 합성어는 아니지만, '남존', '여비', '남부', '여대' 등이 마치 단어와 같이 인식되어 두음 법칙이 적용된 형태로 굳어져 쓰이고 있는 것이다. 한편 '신년도, 구년도' 등은 발음이 [신년도], [구:년도]이며 '신년–도, 구년–도'로 분석되는 구조이므로 이 규정이 적용되지 않는다.

[붙임 3] 둘 이상의 단어로 이루어진 고유 명사를 붙여 쓰는 경우에도, 결합된 각 단어를 두음 법칙에 따라 적는다. 따라서 '한국 여자 농구 연맹'을 붙여서 쓰면 '한국여자농구연맹'이 된다.

두음 법칙의 적용

두음 법칙의 적용에 차이가 있는 '연도'와 '년도'는 "표준국어대사전"에서 이러한 차이점을 확인할 수 있다.

연도(年度)	「명사」 사무나 회계 결산 따위의 처리를 위하여 편의상 구분한 일 년 동안의 기간. 또는 앞의 말에 해당하는 그해. ¶ 졸업 연도/제작 연도.
년도(年度)	「의존 명사」 (해를 뜻하는 말 뒤에 쓰여) 일정한 기간 단위로서의 그해. ¶ 1985년도 출생자/1970년도 졸업식/1990년도 예산안.

제11항 한자음 '랴, 려, 례, 료, 류, 리'가 단어의 첫머리에 올 적에는, 두음 법칙에 따라 '야, 여, 예, 요, 유, 이'로 적는다.(ㄱ을 취하고, ㄴ을 버림.)

ㄱ	ㄴ	ㄱ	ㄴ
양심(良心)	량심	용궁(龍宮)	룡궁
역사(歷史)	력사	유행(流行)	류행
예의(禮儀)	례의	이발(理髮)	리발

다만, 다음과 같은 의존 명사는 본음대로 적는다.

    리(里): 몇 리냐?
    리(理): 그럴 리가 없다.

[붙임 1] 단어의 첫머리 이외의 경우에는 본음대로 적는다.

    개량(改良)   선량(善良)   수력(水力)   협력(協力)

    사례(謝禮)   혼례(婚禮)   와룡(臥龍)   쌍룡(雙龍)

    하류(下流)   급류(急流)   도리(道理)   진리(眞理)

다만, 모음이나 'ㄴ' 받침 뒤에 이어지는 '렬, 률'은 '열, 율'로 적는다.(ㄱ을 취하고 ㄴ을 버림.)

ㄱ	ㄴ	ㄱ	ㄴ
나열(羅列)	나렬	분열(分裂)	분렬
치열(齒列)	치렬	선열(先烈)	선렬
비열(卑劣)	비렬	진열(陳列)	진렬
규율(規律)	규률	선율(旋律)	선률
비율(比率)	비률	전율(戰慄)	전률
실패율(失敗率)	실패률	백분율(百分率)	백분률

[붙임 2] 외자로 된 이름을 성에 붙여 쓸 경우에도 본음대로 적을 수 있다.

신립(申砬)   최린(崔麟)   채륜(蔡倫)   하륜(河崙)

[붙임 3] 준말에서 본음으로 소리 나는 것은 본음대로 적는다.

국련(국제 연합)   한시련(한국 시각 장애인 연합회)

[붙임 4] 접두사처럼 쓰이는 한자가 붙어서 된 말이나 합성어에서, 뒷말의 첫소리가 'ㄴ' 또는 'ㄹ' 소리로 나더라도 두음 법칙에 따라 적는다.

역이용(逆利用) 연이율(年利率) 열역학(熱力學) 해외여행(海外旅行)

[붙임 5] 둘 이상의 단어로 이루어진 고유 명사를 붙여 쓰는 경우나 십진법에 따라 쓰는 수(數)도 붙임 4에 준하여 적는다.

서울여관   신흥이발관   육천육백육십육(六千六百六十六)

해설

이 조항에서도 두음 법칙이 적용되는 경우를 규정하고 있다. 한자어 '랴, 려, 례, 료, 류, 리'를 포함하는 음절은 단어 첫머리에 올 때 '야, 여, 예, 요, 유, 이'의 형태로 실현된다. 이 조항에서는 이처럼 단어 첫머리에서 두음 법칙이 적용될 때 '야, 여, 예, 요, 유, 이'로 적는다고 규정하였다.

양질(良質)	역량(力量)	예법(禮法)
용왕(龍王)	유랑(流浪)	이치(理致)

의존 명사 '량(輛), 리(理, 里, 厘)' 등은 앞말과 연결되어 하나의 단위를 구성하므로 두음 법칙의 적용을 받지 않는다.

객차(客車) 오십 량(輛)   2푼 5리(厘)

[붙임 1] 단어 첫머리가 아닌 경우에는 두음 법칙이 적용되지 않으므로 '랴, 려, 례, 료, 류, 리'로 적는다. '쌍룡(雙龍)'은 명사 '쌍(쌍가락지, 쌍가마)'과 '용'이 결합한 말로 보아 '쌍용'으로 적을 가능성이 있지만 '와룡(臥龍), 수룡(水龍), 잠룡(潛龍)'처럼 하나의 단어로 굳어졌다고 보아 '쌍룡'으로 적는다.

단어의 첫머리가 아닌 경우에는 두음 법칙이 적용되지 않는 것이 원칙이다. 다만, 모음이나 'ㄴ' 받침 뒤에 결합되는 '렬(列, 烈, 裂, 劣), 률(律, 率, 栗, 慄)'은 '나열[나열], 비율[비ː율], 선열[서녈], 운율[우ː뉼]' 등에서와 같이 [열], [율]로 소리 나므로 소리대로 '열, 율'로 적는다.

나열(羅列)	비열(卑劣)	균열(龜裂)	분열(分列)
서열(序列)	우열(優劣)	분열(分裂)	선열(先烈)
의열(義烈)	치열(熾烈)	전열(前列)	천열(賤劣)
규율(規律)	비율(比率)	백분율(百分率)	선율(旋律)
외율(巴栗)	이율(利率)	운율(韻律)	전율(戰慄)
자율(自律)	조율(棗栗)	환율(煥率)	

'率'은 모음이나 'ㄴ' 받침 뒤에서는 '이자율(利子率)[이:자율], 회전율(回轉率)[회전뉼/훼전뉼]'처럼 '율'로 적고 그 외의 받침 뒤에서는 '능률(能率)[능뉼], 합격률(合格率)[합껵뉼]'처럼 '률'로 적는다. 외래어에서도 동일하게 모음이나 'ㄴ' 받침 뒤에서는 '율'로 적고 그 외의 받침 뒤에서는 '률'로 적는다.

   서비스–율(service率)   시엔–율(CN率)

   슛–률(shoot率)   영–률(Young率)

[붙임 2] 널리 알려진 역사적 인물 성명의 발음이 '申砬[실립], 崔麟[최린]'처럼 굳어져 있는 경우에는 '신립, 최린'과 같이 적을 수 있다. "표준국어대사전"에는 이러한 점을 반영하여 '신입'과 '신립', '최인'과 '최린'을 동의어로 처리하였다. 현재 "표준국어대사전"에서 이와 같이 처리한 역사적 인물은 다음과 같다.

   신입/신립(申砬) 최인/최린(崔麟) 채윤/채륜(蔡倫)

   하윤/하륜(河崙) 김입/김립(金笠)

[붙임 3] 둘 이상의 단어로 이루어진 말이 줄어들어 하나의 단위로 인식될 때에는 두음 법칙이 적용되지 않아서 소리 나는 대로 적는다. 이 경우 뒤의 한자는 하나의 단어가 아니기 때문에 두음 법칙이 적용되지 않는다. 예를 들어 '국제 연합'은 '국련'으로 줄여서 쓸 수 있다. '국제'의 '국'과 '연합'의 '연'을 따서 만든 말인데, '연' 자체는 하나의 단어가 아니기 때문에 두음 법칙이 적용되지 않아서 '국련'으로 쓰는 것이다. '한국 시각 장애인 연합회'를 '한시련'으로 쓰는 것도 같은 이유에서이다.

[붙임 4] 한글 맞춤법 제10항의 규정과 마찬가지로, 독립성이 있는 단어에 '접두사처럼 쓰이는 한자'가 결합하여 된 단어에는 두음 법칙을 적용한다. 또한 두 단어가 결합하여 된 합성어나 이에 준하는 구조도 두음 법칙이 적용된 형태로 적는다.

> 몰—이해(沒理解)　　과—인산(過燐酸)　　가—영수(假領收)
> 등—용문(登龍門)　　불—이행(不履行)　　사—육신(死六臣)
> 생—육신(生六臣)　　선—이자(先利子)　　무실—역행(務實力行)
> 청—요리(淸料理)　　수학—여행(修學旅行)　낙화—유수(落花流水)

한편 고유어나 외래어 뒤에 결합한 한자어는 독립적인 한 단어로 인식이 되기 때문에 두음 법칙이 적용된다.

> 　　　　가사—연(蓮)　　　　　　구름—양(量)
> 　　　　허파숨—양(量)　　　　　먹이—양(量)
> 　　　　벡터(vector)—양(量)　　에너지(energy)—양(量)

'量'이 고유어 '구름'과 결합하면 '구름양'이 되는 것은 '양'이 하나의 독립적인 단어로 인식되기 때문이다. 한자와 결합하면 '운량(雲量)'처럼 '량'으로 적는다. '이슬양'과 '노량(露量)'도 마찬가지 이유로 각각 '양'과 '량'으로 적는다.

[붙임 5] 수를 나타내는 '육'은 '십육(十六), 육육삼십육(6×6=36)'처럼 독립적으로 쓰이는 경우에는 두음 법칙에 따라 적는다. 그렇지만 '오륙도(五六島), 사륙판(四六判)' 등은 '오'와 '육', '사'와 '육'이 독립적인 단어로 나누어지는 구조가 아니므로 본음대로 적는다.

둘 이상의 단어로 이루어진 고유 명사를 붙여 쓰는 경우에도, '서울여관(←서울 여관), 국제수영연맹(←국제 수영 연맹)'처럼 결합된 각 단어를 두음 법칙에 따라 적는다.

제12항 한자음 '라, 래, 로, 뢰, 루, 르'가 단어의 첫머리에 올 적에는, 두음 법칙에 따라 '나, 내, 노, 뇌, 누, 느'로 적는다.(ㄱ을 취하고, ㄴ을 버림.)

ㄱ	ㄴ	ㄱ	ㄴ
낙원(樂園)	락원	뇌성(雷聲)	뢰성
내일(來日)	래일	누각(樓閣)	루각

[붙임 1] 단어의 첫머리 이외의 경우에는 본음대로 적는다.

쾌락(快樂)	극락(極樂)	거래(去來)	왕래(往來)
부로(父老)	연로(年老)	지뢰(地雷)	낙뢰(落雷)

[붙임 2] 접두사처럼 쓰이는 한자가 붙어서 된 단어는 뒷말을 두음 법칙에 따라 적는다.

내내월(來來月)　　상노인(上老人)　　중노동(重勞動)　　비논리적(非論理的)

해설

'라, 래, 로, 뢰, 루, 르'를 포함하는 한자어 음절이 단어 첫머리에 올 때는 '나, 내, 노, 뇌, 누, 느'를 포함하는 형태로 실현된다. 이 조항에서는 이처럼 단어 첫머리에서 두음 법칙이 적용될 때 '나, 내, 노, 뇌, 누, 느'로 적는다고 규정하고 있다.

낙관(樂觀)	내년(來年)	노년(老年)
뇌우(雷雨)	누수(漏水)	능사(綾紗)

[붙임 1] 단어 첫머리 이외의 경우는 두음 법칙이 적용되지 않으므로 본음대로 적는다. '왕릉(王陵), 정릉(貞陵), 동구릉(東九陵)'에 쓰이는 '릉(陵)'이나 '독자란(讀者欄), 비고란(備考欄)'에 쓰이는 '란(欄)'은 한 음절 한자어 형태소가 한자어 뒤에 결합한 것으로 이런 경우에는 '릉'과 '란'이 하나의 단어로 인식되지 않는다.

강릉(江陵)	태릉(泰陵)	서오릉(西五陵)
공란(空欄)	소식란(消息欄)	투고란(投稿欄)

다만, '어린이-난, 어머니-난, 가십(gossip)-난'과 같이 고유어나 외래어 뒤에 결합하는 경우에는 한자어 형태소가 하나의 단어로 인식되므로, 제11항 [붙임 4]에서 보인 '가시-연(蓮), 구름-양(量)'과 마찬가지로 두음 법칙이 적용된 형태로 적는다.

[붙임 2] '접두사처럼 쓰이는 한자'가 결합하여 된 단어나, 두 개 단어가 결합하여 된 합성어(또는 이에 준하는 구조)의 경우에는 두음 법칙이 적용된 형태로 적는다.

반-나체(半裸體)	사상-누각(沙上樓閣)	실-낙원(失樂園)
중-노인(中老人)	육체-노동(肉體勞動)	부화-뇌동(附和雷同)

한편 '표고(標高)가 높고 한랭한 곳'이란 뜻의 '高冷地'는 '고냉지'가 아닌 '고랭지'로 적는다. 발음이 [고랭지]이고 '고랭-지'로 분석되기 때문이다.

사이시옷

한글 맞춤법 4장 4절 30항

제30항 사이시옷은 다음과 같은 경우에 받치어 적는다.

1. 순우리말로 된 합성어로서 앞말이 모음으로 끝난 경우

⑴ 뒷말의 첫소리가 된소리로 나는 것

고랫재	귓밥	나룻배	나뭇가지	냇가
댓가지	뒷갈망	맷돌	머릿기름	모깃불
못자리	바닷가	뱃길	볏가리	부싯돌
선짓국	쇳조각	아랫집	우렁잇속	잇자국
잿더미	조갯살	찻집	쳇바퀴	킷값
핏대	햇볕	혓바늘		

⑵ 뒷말의 첫소리 'ㄴ, ㅁ' 앞에서 'ㄴ' 소리가 덧나는 것

| 멧나물 | 아랫니 | 텃마당 | 아랫마을 | 뒷머리 |
| 잇몸 | 깻묵 | 냇물 | 빗물 | |

⑶ 뒷말의 첫소리 모음 앞에서 'ㄴㄴ' 소리가 덧나는 것

| 도리깻열 | 뒷윷 | 두렛일 | 뒷일 | 뒷입맛 |
| 베갯잇 | 욧잇 | 깻잎 | 나뭇잎 | 댓잎 |

2. 순우리말과 한자어로 된 합성어로서 앞말이 모음으로 끝난 경우

(1) 뒷말의 첫소리가 된소리로 나는 것

귓병	머릿방	뱃병	봇둑	사잣밥
샛강	아랫방	자릿세	전셋집	찻잔
찻종	촛국	콧병	탯줄	텃세
핏기	햇수	횟가루	횟배	

(2) 뒷말의 첫소리 'ㄴ, ㅁ' 앞에서 'ㄴ' 소리가 덧나는 것

| 곗날 | 제삿날 | 훗날 | 툇마루 |

(3) 뒷말의 첫소리 모음 앞에서 'ㄴㄴ' 소리가 덧나는 것

| 가욋일 | 사삿일 | 예삿일 | 훗일 |

3. 두 음절로 된 다음 한자어

| 곳간(庫間) | 셋방(貰房) | 숫자(數字) |
| 찻간(車間) | 툇간(退間) | 횟수(回數) |

해설

이 조항에서는 사이시옷을 받쳐 적는 조건을 규정하고 있다. 사이시옷을 받쳐 적으려면 아래와 같은 조건을 만족시켜야 한다.

첫째, 사이시옷은 합성어에서 나타나는 현상이므로 합성어가 아닌 단일어나 파생어에서는 사이시옷이 나타나지 않는다. 예를 들어 '해님'은 명사 '해'에 접미사 '-님'이 결합한 파생어이므로 '햇님'이 아닌 '해님'이 된다. 이와는 달리 합성어 '햇빛'에는 사이시옷이 들어간다.

둘째, 합성어이면서 다음과 같은 음운론적 현상이 나타나야 한다.

① 뒷말의 첫소리가 된소리로 나는 경우

바다+가 → [바다까] → 바닷가

② 뒷말의 첫소리 'ㄴ, ㅁ' 앞에서 'ㄴ' 소리가 덧나는 경우

코+날 → [콘날] → 콧날
비+물 → [빈물] → 빗물

③ 뒷말의 첫소리 모음 앞에서 'ㄴㄴ' 소리가 덧나는 경우

예사+일 → [예:산닐] → 예삿일

예를 들어 '위'는 '길, 물'과 결합할 때는 사이시옷이 들어가서 '윗길, 윗물'이 되지만 '턱, 쪽'과 결합할 때는 '위턱, 위쪽'으로 쓴다. 뒷말의 첫소리가 된소리로 나거나 'ㄴ' 소리가 덧나는 경우가 아니기 때문이

다. '그넷줄[그ː네쭐/그ː넫쭐]'은 위의 조건을 충족하여서 사이시옷이 들어가는 데 비해 '가로줄[가로줄]', '세로줄[세ː로줄]'은 위의 조건에 해당하지 않아 사이시옷이 들어가지 않는다.

셋째, 이 두 가지 요건과 더불어 합성어를 이루는 구성 요소 중에서 적어도 하나는 고유어이어야 하고 구성 요소 중에 외래어도 없어야 한다는 조건이 덧붙는다. 예를 들어 '개수(個數)', '초점(焦點)', '기차간(汽車間)', '전세방(傳貰房)'은 '갯수', '촛점', '기찻간', '전셋방'으로 잘못 쓰는 일이 많지만 여기에는 고유어가 들어 있지 않으므로 사이시옷이 들어가지 않는다. 또한 '오렌지빛, 피자집'과 같은 경우에는 '오렌지', '피자'라는 외래어가 들어 있기 때문에 사이시옷을 쓰지 않는다.

이와는 달리 아래의 예들은 조항에 따라 사이시옷이 들어가는 예들이다.

값: 절댓값[절때깝/절땓깝], 덩칫값[덩치깝/덩칟깝], 죗값[죄ː깝/줻ː깝]
길: 등굣길[등교낄/등굗낄], 혼삿길[혼사낄/혼삳낄], 고갯길[고개낄/고갣낄]
집: 맥줏집[맥쭈찝/맥쭏찝], 횟집[회ː찝/휃ː찝], 부잣집[부ː자찝/부ː잗찝]
빛: 장밋빛[장미삗/장믿삗], 보랏빛[보라삗/보ㅍ랃삗], 햇빛[해삗/핻삗]
말: 혼잣말[혼잔말], 시쳇말[시첸말], 노랫말[노랜말]
국: 만둣국[만두꾹/만둗꾹], 고깃국[고기꾹/고긷꾹], 북엇국[부거꾹/부걷꾹]

한자어에는 규정에서 제시한 두 음절 단어 6개에만 사이시옷이 들어간다. 그 외의 한자어에는 사이시옷이 들어가지 않는다. 따라서 다음과 같은 경우 모두 사이시옷이 들어가지 않는다.

외과(外科)　　이비인후과(耳鼻咽喉科)　　국어과(國語科)　　장미과(薔薇科)

'장미과'와 마찬가지로 생물 분류학상의 단위인 '과(科)'가 결합한 말이라도, 앞에 고유어가 오는 '고양잇과', '소나뭇과'와 같은 경우에는 사이시옷이 들어간다. 고유어 '고양이, 소나무'와 한자어 '과'가 결합한 합성어이므로 사이시옷을 적는 것이다.

고양잇과[고양이꽈/고양읻꽈]　　멸칫과[멸치꽈/멸칟꽈]

소나뭇과[소나무꽈/소나묻꽈]　　가짓과[가지꽈/가짇꽈]

더 알아보기

'차'의 사이시옷 표기

'차'가 한자어이면 '찻잔, 찻종, 찻주전자'는 '茶盞, 茶鍾, 茶酒煎子'와 같은 한자어이므로 사이시옷이 들어가지 않는다. 그렇지만 '차'를 고유어라고 하면 '고유어+한자어' 구성이므로 사이시옷을 넣어야 한다. 현재는 '차'를 고유어로 보고 있으므로 '찻잔, 찻종, 찻주전자'와 같이 적는다.

단위의 띄어 쓰기

한글 맞춤법 5장 2절 43항

제43항 단위를 나타내는 명사는 띄어 쓴다.

한 **개**	차 한 **대**	금 서 **돈**	소 한 **마리**
옷 한 **벌**	열 **살**	조기 한 **손**	연필 한 **자루**
버선 한 **죽**	집 한 **채**	신 두 **켤레**	북어 한 **쾌**

다만, 순서를 나타내는 경우나 숫자와 어울리어 쓰이는 경우에는 붙여 쓸 수 있다.

두**시** 삼십**분** 오**초**	제일**과**	삼**학년**	육**층**
1446**년** 10**월** 9**일**	2**대대**	16**동** 502**호**	제1**실습실**
80**원**	10**개**	7**미터**	

해설

단위를 나타내는 말은 의존 명사이든 자립 명사이든 하나의 단어로 인정되는 명사이므로 앞말과 띄어 써야 한다.

① 의존 명사

    나무 한 그루   고기 두 근   자동차 네 대

금 서 돈   토끼 두 마리   논 두 마지기
쌀 서 말   물 한 모금   밥 두어 술
종이 석 장   집 세 채   배 열세 척
밤 한 톨   김 네 톳   전화 한 통

② 자립 명사

국수 한 그릇   맥주 세 병   학생 한 사람
꽃 한 송이   흙 한 줌   풀 한 포기

다만, 수 관형사 뒤에 단위 명사가 붙어서 차례를 나타내는 경우에는 앞말과 붙여 쓸 수 있도록 하였다.

제일 편(원칙) / 제일편(허용)
제삼 장(원칙) / 제삼장(허용)
제7 항(원칙) / 제7항(허용)
제10 조(원칙) / 제10조(허용)

위의 예에서 '제-'가 생략된 경우라도 차례를 나타내는 말일 때는 앞말과 붙여 쓸 수 있다.

(제)이십칠 대(원칙) / 이십칠대(허용)
(제)오십팔 회(원칙) / 오십팔회(허용)
(제)육십칠 번(원칙) / 육십칠번(허용)
(제)구십삼 차(원칙) / 구십삼차(허용)

다음과 같은 경우에도 앞말과 붙여 쓸 수 있다.

(제)구 사단(원칙) / 구사단(허용)
(제)1 연구실(원칙) / 1연구실(허용)
(제)칠 연대(원칙) / 칠연대(허용)
(제)삼 층(원칙) / 삼층(허용)
(제)16 통(원칙) / 16통(허용)
(제)274 번지(원칙) / 274번지(허용)

또 연월일, 시각 등도 붙여 쓸 수 있는데, 이들은 '제-'가 붙지는 않지만 차례나 순서 개념을 나타내기 때문이다.

이천십팔 년 오 월 이십 일(원칙) / 이천십팔년 오월 이십일(허용)
여덟 시 오십구 분(원칙) / 여덟시 오십구분(허용)

또 단위를 나타내는 명사가 아라비아 숫자 뒤에 붙을 때에도 붙여 쓸 수 있도록 하였다. 이때의 명사는 자립 명사든 의존 명사든 상관이 없다. 이것은 붙여 쓰는 것이 가독성이 높아서 실제로 붙여 쓰는 경우가 더 많다는 점을 고려한 것이다.

2 시간(원칙) / 2시간(허용)
2 음절(원칙) / 2음절(허용)
20 병(원칙) / 20병(허용)
30 킬로미터(원칙) / 30킬로미터(허용)
10 명(원칙) / 10명(허용)
2 학년(원칙) / 2학년(허용)

02
―

에디터님,
이건
조사라고요!

조사

맞춤법은 앞 장에서도 말했듯 '문장 구성을 다 띄어 쓰는 것'으로 이해하고 시작하면 맞춤법이 비교적 쉬워져요. 단어와 단어 사이를 기본적으로 모두 띄어 쓴다고 생각하면 띄어쓰기를 틀리는 일도 제법 줄죠. 단! 첫 장에서 말했듯 이번 장에서 소개할 품사 '조사'만 조심한다면 말이에요.

조사는 흔히 '은·는·이·가'로 대표하는 품사를 이야기해요. **체언**(문장에서 주어 따위의 기능을 하는 명사, 대명사, 수사를 통틀어 이르는 말)이나 어미를 가리지 않고 어디든 쉬이 붙어 그 말의 뜻을 도와주는 아이죠. 조사 안에서도 격 조사, 접속 조사, 보조사로 나뉘고 그 안에서도 서술격 조사, 보격 조사, 접속 조사 등 조사의 쓰임에 따라 부르는 명칭도 제각각이지만 벌써 머리가 지끈지끈 아파져 오기 시작하니, 이론은 여기까지만 해야겠네요. 앞서 명사의 종류를 하나하나 쪼갰던 것과는 다르게, 조사는 특별히 문법적 차이만 있을 뿐 붙여서 쓴다는 점에서는 같으니, 조사의 종류에 대해서는 공부하지 않기로 해요. 용어를 모를 뿐이지, 때에 알맞은 조사를 이미 사용하고 있으니까요. 이번 장에서는 이것 하나만 기억하시면 돼요. 조사는 하늘이 무너져 내리더라도, 꼭 앞말과 붙여 써야 한다!

#조사

헷갈리지만, 쉬운 조사 톺아보기!
-로서, -든지

인터넷이나 책에서 '많이 틀리는 맞춤법'으로 꼭 등장하는 아이들이 있죠. 하도 많이 들어서 귀에서 피가 흐를 것 같은 아이들이지만, 여러 번 강조해도 넘치지 않는 아이들이라고 하겠습니다. 예문을 보면서 하나하나 톺아보도록 할게요.

1. 국가대표로서 최선을 다하겠습니다.
2. 승리로써 실력을 증명하겠습니다.

정말 대표적으로 많이 언급되는 아이로 '로서'와 '로써'를 들

수 있죠. 간단하게 설명하자면 '로서'는 자격을 나타내고 '로써'는 수단을 나타내요. 또한 모든 상황에서는 아니지만, '로서'는 대체로 사람이나 생명체에 쓰이고 '로써'는 그 외의 것들에 쓰인다고도 외우기도 해요. 자격은 '로서', 수단은 '로써'!

1. 너든 나든, 누구든 상관없어.

가끔 '너던 나던'의 형태로 헷갈려 하시는 분들도 있지만, 조사의 역할을 갖는 것은 '든'밖에 없어요. 어느 것이 선택되어도 차이가 없는 둘 이상의 일을 나열할 때 쓰는 이 조사는 '든지'의 줄임말이죠.

일단 쉽지만, 자주 헷갈리는 두 개의 조사부터 알아봤어요. 다음 꼭지에서 '이것도 조사구나!' 하는 아이들을 만나볼게요.

---

1. '로서'는 자격, '로써'는 수단.
2. 조사는 오로지 '든', '든지'.

#조사

이것도 조사라고요?
커녕, 따라, 야말로, 마저, 깨나

조사를 '은·는·이·가'로 대표한다고 말했지만, 조사는 셀 수 없을 정도로 정말 많아요. 지금 머릿속을 휘저으며 아는 조사를 떠올려 볼까요? '를', '도', '만', '으로', '에' 등 조금만 고민해 봐도 조사라고 굳이 인지하고 있지 않았음에도 떠오르는 아이들이 많을 거에요. 대부분 구어에서도 많이 쓰여 '조사'라고 인지하지 않더라도, 술술 나오는 친구들이죠. 근데 그중에서 우리가 자주 틀리는 조사들이 있어요. '조사'라고 인지하지 않으면, 쉽게 틀릴 수 있는 몇 가지 친구들을 한번 소개해 볼게요.

1. 술은커녕 음료수도 안 좋아해.
2. 오늘따라 자꾸 거짓말을 하네?
3. 너야말로.
4. 너보다 더 마실까?
5. 너마저 이러기야?
6. 술깨나 마시는 애들끼리 그만 좀 싸워!

먼저 '커녕'은 하도 유명해서 이제는 많은 분이 아시지 않을까 생각되는 조사예요. '커녕', '은커녕', '는커녕' 등으로 쓰이며, 어떤 사실을 부정하는 것은 물론 그보다 덜하거나 못한 것까지 부정하는 뜻으로 쓰이는 조사로 꼭 붙여 써야 해요. '따라'의 경우에는, '따라 하다'의 영향인지 모르겠지만 가끔 띄어 쓰는 분이 있어요. '야말로'의 경우에도 이 조사가 익숙하지 않으신지 '나야 말로'처럼 '말'을 명사로 인식하여 띄어 쓰시는 분이 존재해요. 이제는 조사임을 확실히 인지하시고 붙여 쓰시면 돼요.

'보다'와 '마저', '깨나'는 상황에 따라 부사로도 쓰이는 아이들이기 때문에 더 헷갈리는 조사들인데요. '너보다'처럼 비교의 대상이 되는 말에 붙어 '무엇에 비해서'의 뜻을 나타낼 때는 조사로 활용하고, '보다 높게'처럼 '어떤 수준에 비하여 한층 더'를 뜻할 때는 부사로 활용할 수 있어요. '마저'도 하나 남은 마지막임을 나타내고 싶을 때는 '너마저', '하나마저', '마지막마저'처럼 조사로 사용하고, '남김없이 모두'라는 뜻의 부사로 사용한다면 '마저 먹어.'처럼 쓸 수 있어요. '깨나'의 경우 '꽤나'와 혼동하여 사용하는 경우가 많아요. 이것 역시 틀린 말은 아니에요. 부사 '꽤'에 조사 '나'를 붙여 '꽤나'처럼 사용해도 되지만, '깨나'는 앞말과 붙여야 하는 조사이고, '꽤나'는 부사이기 때문에 앞말과 띄어야 한다는 것만 잘 알고 쓰시면 됩니다. '술깨나'나 '술 꽤나'처럼 쓰시면 돼요!

  예문을 쭉 읽다 보니, 조사의 큰 특징을 발견하게 되지 않으셨나요? 조사는 뒤의 단어에 영향을 주지 않고 앞의 단어에 영향을 준다는 아주 기초적인 사실이요! 혹시 예문에는 다루지 않았지만 조사인지 아닌지 의심이 가는 친구가 있다면, 그 단어가 앞말에 영향이 있는지만 살펴보세요. 설령 '너밖에 모르니?'에서 '밖에'가 조사인지 헷갈리신다면, 이 '밖에'의 의미가 앞말과 붙어 사용하는 것인지만 생각해보시면 돼요. 조사인지 모르고 '너 밖에 모르니?'라고 쓴다면, '너 지금 바깥 상황에 대해서 모르니?'라는 아주 다른 의미로 쓰이게 될 테니까요!

---

1. 커녕, 따라, 야말로, 보다, 마저, 깨나
2. 조사인지 헷갈릴 때는 앞말에 영향이 있는 아이인지 고민해 보자.

#조사

이건 조사가 아니라고요!
'마냥'은 조사가 아니에요.

　작가님들이 가장 많이 틀리는 조사는 무엇일까요? 각자의 경험에 따라 다르겠지만, 저는 단연 '마냥'이라고 당당하게 말하겠습니다. 위에서 설명했듯, 대부분의 조사는 앞말과 인연이 있기 때문에 조금만 인지하고 쓴다면 틀리는 것도 쉽지 않아요. 조사만 덩그러니 띄어 써 남겨져 있다면, 쓰는 사람도 읽을 때 부자연스럽게 읽히기 때문에 오타임을 비교적 쉽게 알아차릴 수 있거든요. 근데 이 '마냥'은요. 조사가 아닌데 자꾸 조사처럼 써요.

1. 나는 마냥 일했다. (부사)
2. 나는 소마냥 일했다. (조사)

마냥은 첫 번째처럼 부사로만 사용이 가능한 친구예요. 두 번째처럼 조사로는 사용이 절대 불가능해요. 보통 '처럼'이나 '모양'이 올 자리에 '마냥'을 욱여넣어, 구어보다는 문어적인 느낌을 위해 굳이 사용하시는 분들이 있어요. '마냥'은 '처럼'의 잘못으로 등재되어 있을 만큼 많이 쓰이는 유명한 오타이니 기왕이면 '마냥'이 아닌 '처럼'을 쓰기로 해요!

> 1. '마냥'은 조사가 아니다.

#조사

조사는 고무줄?
조사의 연속 사용과 줄임 사용!

 어떻게 보면 당연하지만, 깊게 생각하다 보면 갑자기 궁금해지는 그런 것 있잖아요. 조사에 대해서 한창 공부할 때, '조사는 몇 개까지 이어 붙일 수 있을까?'가 불현듯 궁금해지더라고요. 그래서 이것저것 붙여보기 시작했어요. 제가 생각해 본 조사를 붙여 완성한 최대치는 '나에게까지만은'이에요. 조사 '에게', '까지', '만', '은' 총 네 개를 사용해서 만들어 봤어요.

 굳이 이런 긴 단어를 만들어 본 이유는 사실 따로 있습니다. 가끔 조사가 덕지덕지 붙어 있을 때 저게 정말 다 붙여 쓰는 것이 맞는지 의아할 때가 있어요. 예전에 함께 일했던 신입 에디터도 이렇게 조사가 덕지덕지 붙어 있어도 되냐며 고개를 갸우뚱하더라고요. 조사는 자립성이 있는 말 뒤에 붙을 때뿐 아니라 조사가 둘 이상 연속되더라도 그 앞말에 꼭 붙여 써야 해요. 아무리 여러 조사를 붙여 긴 단어를 만든다고 하더라도 모두 붙여 쓰는 것, 잊지 마세요!

조사를 고무줄처럼 쭉 붙여 쓸 수도 있지만, 반대로 조사를 줄여서 사용할 수도 있어요. 예를 들면 '너를'을 '널'로 쓴다거나, '그것은'을 '그건'의 형태로 쓰는 것 말이에요. '를'을 'ㄹ'로 앞의 말에 받침으로 붙인다면 조금 더 구어적인 느낌으로 쓸 수 있어요. 여기서 조심해야 할 것은 조사를 줄여 쓸 때 혹 '그것', '이것', '저것'에 조사 '으로'가 붙어서 준다면, 각 '그걸로', '이걸로', '저걸로'의 모습으로 줄어들어요. 더 자세한 줄임 사용은 붙임1을 확인해 주세요!

---

1. 조사가 둘 이상 연속되더라도 붙여 쓴다.
2. 조사도 줄여 쓸 수 있다.

#조사

나의? 나에? 네가? 니가? 어떻게 구별할까?

발음도 비슷하고 쓰이는 곳도 비슷한 거 같아, '의'와 '에'를 혼동하여 사용하시는 분들이 참 많은데요. 조사 '의'의 경우에는 관형격 조사라고 하여, 조사 '의'가 쓰이게 되면 관형어의 형태가 되어 뒤에 있는 단어를 꾸며주는 역할을 하게 됩니다. 음, 쉽게 예를 들어 볼게요. '너의 마음'에서 '너의'는 뒤의 '마음'을 꾸며주는 관형어가 되었죠? '너에 마음'이라고 쓰게 되면, 딱 봐도 뭔가 어색합니다. 그럼 '에'는 어떨 때 사용할까요? 부사격 조사인 '에'가 붙게 되면 이것은 부사어가 되어 뒤에 오는 것과 서로 호응하여 쓰여야 합니다. '서울에 살다'나 '방에 있어.'처럼 뒤에 오는 것의 내용을 한정하는 의미로 호응하는 것이죠.

'의'와 '에'의 쓰임은 이 외에도 여러 가지이지만, 보통 이런 연유로 '의'를 '에'로 사용하여 많이 틀리게 되니 '에'를 사용할 때는 한 번 더 쓰임이 맞았는지 확인해 보는 것도 나쁘지 않겠죠?

'의'와 '에'와 더불어 발음이 비슷하여 혼동하는 '니'와 '네'가 있어요. 조사 이야기하다가 갑자기 왜 '니'냐 '네'냐 얘기를 하냐고요? 대명사 '너'의 뒤에 조사 '가'가 붙으면 '네'라는 형태로 바뀌어, '네가'라는 형식으로 사용해야 하거든요! '네'는 '너'에 조사 '의'가 결합하여 사용할 때도 '네 친구'처럼 '네'라고 사용할 수 있어요. 주변에서 정말 흔하게, 발음하는 대로 '니가', '니 친구'라고 쓰는 경우가 정말이지 셀 수 없을 만큼 많아요. '니'가 아닌 '네'로 사용한다는 것만 알아두시면 돼요! 하지만, 연구가에 따라서 '니'의 사용을 주장하는 사람도 있으니, 맞춤법 규정의 기준이라는 것도 알아주세요!

---

1. 조사 '의'가 붙으면, 뒷말을 꾸며준다.
2. 조사 '에'가 붙으면, 뒷말을 호응한다.
3. '네가', '네 친구'처럼 쓴다.

#조사 #의존 명사

헷갈리는 의존 명사와 조사
만큼, 뿐, 대로, 만

꽤 많은 조사가 의존 명사와 비슷한 뜻을 가져, 가끔 의존 명사와 헷갈릴 때가 있다고 말씀드렸죠? 앞에서 배웠듯 조사는 붙여 쓰고, 의존 명사는 띄어서 쓰기 때문에 조사인 줄 알고 무턱대고 붙여 썼다가 틀리는 경우가 왕왕 생기기 마련이죠.

1. 너만큼 나도 불쾌해.
2. 네가 불쾌한 만큼 나도 불쾌해.
3. 너뿐이야.
4. 배고플 뿐이야.

일단 대표적으로 '만큼'과 '뿐'을 살펴볼게요. 1번의 경우에는 앞말과 비슷한 정도나 한도임을 나타내는 조사를 사용한 것이고, 2번은 앞의 내용에 상당한 수량이나 정도임을 나타내는 '의존 명사'로 사용했어요. 말장난을 치는 것처럼 뜻이 꽤 비슷하죠. 3번과 4번은 '그것만이고 더는 없음'을 나타내는 조사 '뿐'과 '어떠하거나 어찌할 따름이라는 뜻'의 의존 명사 '뿐'을 사용했어요. 이 예시들을 단순히 뜻의 차이로 구별하기는 여간 어려운 일이 아니죠.

의존 명사와 조사의 구분은 뜻보다 위치를 주목할 필요가 있어요. 조사로 사용한 '만큼'이나 '뿐' 같은 경우에는 모두 명사의 뒤에 사용하는 것을 발견할 수 있을 거예요. 그렇다면 의존 명사로 사용한 아이들은 어떠한가요? 대부분이 형용사나 동사의 뒤에 사용되고 있죠! 참, 신기한 일이네요! 아래 다른 조사와 의존 명사도 한번 볼까요?

1. 너는 너대로.
2. 말하는 대로.
3. 너만 왔어.
4. 하루 만에 왔어.
5. 돌아올 만도 하네.

'대로'와 같이 위에서 언급한 공식이 성립하는 친구들도 있지만, 3~5번의 '만'처럼 꼭 그렇지 않은 아이들도 있네요. 이런 경우에는 뜻을 잘 살펴줘야 해요. '너만 왔어.' 같은 경우에는 다른 것으로부터 제한하여 어느 것을 한정함을 나타내는 조사로 쓰였으며, '하루 만에 왔어'의 경우 앞말이 가리키는 동안이나 거리를 나타내는 말로 쓰인 의존 명사인 거죠. 마지막 5번은 앞말이 뜻하는 동작이나 행동에 타당한 이유가 있음을 나타내는 의존 명사로 사용되었어요. 사용이 헷갈릴 때는 사전을 자주 찾아가며, 그 뜻을 따라가다 보면 쉬이 사용할 수 있을 거예요.

> 1. 조사와 의존 명사가 헷갈릴 때, 대부분의 조사는 명사 뒤에 붙는다.
> 2. 그렇지 않을 경우, 사전을 잘 찾아 그 쓰임을 살펴야 한다.

TEST

니가 국가대표로써 모범을

보이기는 커녕

너 마저 나무늘보 마냥

게으름만 부리고 있으니,

민희 보다 뛰어나기는 글렀다.

정답: 니가 국가대표로서 모범을 보이기는 커녕 너마저 나무늘보처럼 게으름만 부리고 있으니, 민희보다 뛰어나기는 글렀다.

> 붙임 #1

조사의 줄임 사용
한글 맞춤법 4장 5절 33항

제33항 체언과 조사가 어울려 줄어지는 경우에는 준 대로 적는다.

본말	준말
그것은	그건
그것이	그게
그것으로	그걸로
나는	난
나를	날
너는	넌
너를	널
무엇을	뭣을/무얼/뭘
무엇이	뭣이/무에

해설

체언과 조사가 결합할 때 음절의 수가 줄어들면 준 대로 적는다. 예를 들어 구어에서 '사과는'과 '사과를'이 '사관'과 '사괄'로 줄어드는 경우 준 대로 적는다. 또한 '그것', '이것', '저것'에 조사 '으로'가 붙어서 줄어들 때에는 다음과 같은 형태로 줄어든다.

그것으로 → 그걸로
이것으로 → 이걸로
저것으로 → 저걸로

체언과 조사가 결합할 때 외에 부사에 조사가 결합할 때에도 말이 줄어드는 현상이 나타난다. 이때에도 줄어들면 준 대로 적는다.

그리로 → 글로
이리로 → 일로
저리로 → 절로
조리로 → 졸로

03

편집장님,
이 문장 좀
확인해
주세요.

동사 | 형용사

이번 장에서 이야기할 내용은, 바로 동사와 형용사 그리고 어미입니다. 짧게 이야기했던 조사와는 다르게, 동사와 형용사는 할 말이 조금 있는 편이에요. 아이코, 그렇다고 겁먹을 필요는 없어요! 달달 외운다는 개념보다는 그냥 이런 것도 있어 알고 간다고 생각하시면 될 것 같아요. 지금까지 그랬던 것처럼요!

먼저 동사는 '동사'라는 말 그대로 사물의 동작이나 작용을 나타내는 품사예요. '뛰다', '걷다', '먹다', '자다'처럼 말이죠. 그럼 형용사는 뭐냐고요? 사물의 성질이나 상태를 나타내는 품사로, 대표적으로 '예쁘다', '멋있다'와 같이 그 성질을 나타낼 때 쓰는 거죠.

우리는 시험에 응시하여 시험 문제를 풀어야 하는 것이 아니므로, 문장마다 형용사와 동사를 뜯어가며 볼 필요는 당연히 없어요. 형용사냐 동사냐에 따라 붙는 조사나 어미가 다를 수는 있으나, 굳이 문법적으로 따지지 않아도 모국어이기 때문에 대체로 맞게 쓰고 있어요. 그렇지만 굳이 동사와 형용사를 나누고 싶어질 때는 어떻게 해야 할까요? 흔히 세 가지를 이야기합니다. 명령형이나 청유형, 진행형을 사용해 보기!

동사와 형용사 구분하기

동사 '먹다'와 형용사 '예쁘다'를 예로 들어볼게요. 명령어를 만들기 위해선 동사에 어미 '-(아/어)라'를 붙이면 돼요. '먹어라', '예뻐라'처럼 말이죠. 근데 여기서 '예뻐라'를 볼게요. 명령형이라고 했는데, 명령이 아닌 문장이 되지 않았나요? 형용사를 명령형으로 쓰는 경우도 있지만, 이때의 '예뻐라'는 명령의 의미가 아닌 감탄의 의미로 쓰여요. 명령을 할 수 있으면 동사! 명령을 할 수 없으면 형용사! 청유형이나 진행형도 같아요. 어미 '-자'를 넣어 청유형을 만들어 볼게요. '먹자'와 '예쁘자'. 확연하게 후자는 쓸 수 없는 형태의 문장이 되어버렸죠? 진행형을 만드는 어미 '-ㄴ다'도 넣어볼까요? '먹는다'와 '예쁜다'가 되겠네요. 어째 또 좀 이상해졌죠? 형용사는 청유할 수 없고 명령할 수도 없으며 진행형으로 사용할 수 없어요. 그렇다면 '있다'와 '없다'도 살펴볼까요? 청유형 '-자'를 넣어보는 것으로 할게요. '우리 여기 있자!'와 같이 사용할 수는 있지만, '우리 여기 없자!'는 너무 어색하죠. 그렇기 때문에 '있다'는 동사이고 '없다'는 형용사인 것을 단숨에 눈치챌 수 있어요.

이번 장에서 중요한 것은

동사와 형용사는 '용언'이라고 불리며, 그 뜻과 쓰임에 따라 본용언과 보조용언으로 구별하기도 해요. 동사는 성질에 따라서는 자동사와 타동사, 어미의 변화 여부에 따라서는 규칙 동사와 불규칙 동사로 구별하기도 하죠. 갑자기 고등학교 영어 시간이 떠오르는 것은 저뿐만이 아니겠죠? 다른 것은 그냥 '이렇게 나뉘기도 하는구나' 하고 넘어가면 되지만, 본용언과 보조용언에는 별 다섯 개를 그려 넣어도 모자라요. 본용언과 보조용언은 에디터도 많이 헷갈리는 만큼, 이해하면 쉽지만 이해하지 않으려고 하면 끝까지 모를 수도 있어요. 더욱 자세한 건 여러 꼭지를 통해 알아볼게요.

어간과 어미는 뭐예요?

이번 장에서부터 유독 '어미'라는 말을 자주 사용하는 걸 발견하실 거예요. 어미는 동사와 형용사 같은 용언이나 서술격 조사에 붙어 변하는 부분을 말해요. 음, 쉽게 설명을 해볼게요.

'웃다'라는 형용사를 예로 들면 '웃으며', '웃고', '웃어요', '웃는다'에서 변하지 않는 '웃-'을 어간이라고 부르고 변하는 뒷부분을 어미라고 이야기해요. 어미는 쓰임이나 종류가 굉장히 다양해, 열거만으로도 하루가 셀 것 같아요. '-거나', '-거늘', '-거니', '-거니와', '-거든', '-거들랑', '-거라' 등 '거'로 시작하는 어미만도 정말 많죠? 어간 뒤에서 기본 형태가 아닌, 다른 형태로 변하는 모든 것을 '어미'라고 보시면 돼요.

어미도 쓰임에 따라 선어말어미와 어말어미로 나뉘기도 하고 종결어미와 비종결어미 등으로 나누기도 하는데, 이러한 자세한 쓰임까지는 맞춤법 안에서는 크게 이해하지 않으셔도 되니 본문에서는 헷갈리는 몇 가지의 어미를 소개하는 것으로 할게요.

조사와 어미의 구별

지금까지 알아본 것을 정리하자면, 조사는 어떠한 것 뒤에 붙어 그 말의 뜻을 도와주는 아이고 어미는 어간 뒤에서 변하는 아이라 크게 헷갈릴 것 같지는 않죠? 심지어 이 둘의 쓰임도 무척이나 달라 보여 헷갈리는 것이 더 이상하게 느껴지실 수도 있겠네요. 그럼 아래 예문을 한 번 볼까요?

가. 나는 웃는 학생을 보았다.

이 문장에서 각 조사와 어미는 몇 개일까요? 조사는 총 2개이며, 어미 또한 2개입니다. 방금 형용사, 동사 등의 용언에서 변하는 부분이 어미라고 말씀드렸는데도 '웃는'에서 '는'도 조사로 셈하지 않으셨나요? 헷갈리셨을 분들을 위해 문장을 하나하나 뜯어볼게요. '나는'의 '는'은 대명사 '나' 뒤에 오는 것이기에 조사가 맞죠. '웃는'의 '는'은 '웃다'에서 어간인 '웃-'을 두고 어미가 변한 것이기 때문에 어미. '학생을'은 명사 '학생'에 붙어 있으므로 조사. '보았다' 역시 '보다'에서 어간 '보-'를 놔두고 어미가 변한 어미! 하나하나 뜯어보면 그렇게 어렵지는 않죠? 맞춤법에서 특별하게 조사와 어미를 나눌 일이 많지는 않지만, 기본적으로 조사와 어미의 쓰임에 대해서만 이해한다면 맞춤법이 한층 쉬워질 거예요.

#동사 #형용사

잘못 활용하기 쉬운 동사?
헷갈리기 쉬운 형용사?

잘못 쓰이고 헷갈리는 용언은 정말 무수히 많아요. 그만큼 용언의 잘못된 쓰임이나 헷갈리는 것을 열거하라고 한다면 수백 페이지를 채워도 모자랄 수도 있죠.

당장 '가다'가 뒤에 붙어 파생어가 되어 꼭 붙여 써야 하나, 자주 띄어 쓰는 동사만 해도 수없이 열거할 수 있는데요? 거짓말 같다고요?

'가져가다', '값가다', '값나가다', '건너가다', '걸어가다', '굴러가다', '기어가다', '끌려가다', '끌어가다', '나아가다', '난질가다', '날아가다', '남아돌아가다', '내가다', '내려가다', '넘어가다'. 헉

헉. 아직 5분의 1도 안 되었는데 벌써 숨이 차네요.

이런 예를 하나씩 끌고 와 "'값나가다'는 보통 '값 나가다'라고 많이 쓰지만 값이 많은 액수에 이를 때는 '값나가다'라는 동사가 있으니 꼭 붙여서 써야 해요!"처럼 하나씩 나열한다면, 아마 1,000페이지짜리 책이 완성될 거예요. 분명 '시간을 때우다'를 '시간을 떼우다'로 알고 있다든가, '얽히고설키다'를 '얽히고 설키다'로 잘못 쓴다든가 하는 대표적인 사례들도 있어요. 하지만 '병이 낫다'를 '병이 낳다'로 쓰는 분까지 있으니, 사전에 등재된 모든 동사나 형용사를 책에 소개해도 도무지 끝나지 않는 책이 되겠군요. 실제로 동사만을 주제로 하는 맞춤법 책도 있으니 우스갯소리만은 아닐 거예요.

용언뿐만이 아니라 모든 꼭지에서도 통용되는 것이지만 정말 중요한 것은 딱 두 가지입니다. '의심하라'와 '검색하라'. 표준국어대사전에 등재되어 있는 동사만 5만 개가 훨씬 넘는 상황에서 모든 동사를 빠삭하게 알고 있다는 것은 정말 쉽지 않아요. 내가 알고 있다고 생각하는 동사조차 다른 뜻을 가지고 있거나 여러 의미를 함께 가지고 있기도 해요. 흔히 사용하는 '가다'조차 20가지가 넘는 뜻으로 사용하니, 단편적인 것을 책에 싣는다고 하더라도 제대로 기억할 수 없겠죠. '짓궂다'인지 '짖궂다'인지 헷갈리시나요? 5초의 검색이면 책에서 그냥 스쳐 지나가는 하나의 단어에서 오롯한 '내가 아는 단어'가 될 거예요. 더 똑똑한 검색을 위해 부록의 '사전 검색하기'를 참고해보세요!

1. 헷갈리는 용언이 있다면, 검색하세요!

#동사 #형용사 #보조용언
본용언과 보조용언을 구별해 봅시다!

앞에서 배운 '동사'와 '형용사'를 통틀어 '용언'이라고 말씀드렸죠? 본용언은 본동사와 본형용사를 이야기하고, 보조용언은 보조동사와 보조형용사를 이야기해요. 그렇다면 '본'용언과 '보조'용언은 무엇일까요? 아래 문장으로 쉽게 이야기해 볼게요.

1. 미술관에 <u>가 보다</u>.

위 문장에서 '가 보다'에 대해 같이 고민해 봐요. '가 보다'라는 동사는 일단 없으니, '가다'와 '보다', 두 동사가 쓰였다는 것을 알 수 있죠. 그럼 각각 동사 하나씩을 빼서 읽어볼까요? '미술관에 가다'와 '미술관에 보다'. 어떤 것이 더 원문장을 훼손하지 않았나요? '보다'는 '가다'의 뒤에 붙어 어떤 행동을 시험 삼아 한다는 뜻이 나타나도록 도와주고 있다는 것이 느껴지시나요? 우리가 흔히 알고 있는 '보다'의 의미는 전혀 없죠. 이럴 때 앞에서 도움을 받는 '가다'와 같은 아이를 '본용언'이라고 하고, 뒤에서 도움을 주는 '보다' 같은 아이를 '보조용언'이라고 불러요. 본용언은 위처럼 문장에서 제거하면 그 문장이 성립하지 않지만, 보조용언은 제거해도 문장이 성립돼요. 왜 이 고리타분한 이야기를 이해해야 하느냐고요? 보조용언의 띄어쓰기가 생각보다 복잡하기 때문이에요. 일단 먼저 본용언과 보조용언을 완벽히 이해하기 위해, 아래 여러 문장으로 대입해 보아요.

1. 불이 꺼져 가다.
2. 물을 마셔 보다.
3. 적을 막아 내다.
4. 물을 먹어 대다.

설명했던 것과 같이 본용언을 지워 보조용언으로만 문장을 완성하면 완전 다른 말이 되죠? 본용언은 꼭 보조용언의 앞에 오게 됩니다. 이제 확실히 본용언과 보조용언을 구별하실 수 있게 되셨나요? 그렇다면, 아래 예문도 같이 보도록 해요.

1. 그림을 보러 갔다.

예문을 보면 용언이 두 개가 연속되지만, 앞과 뒤의 용언 모두 그 뜻이 명확하게 드러나 있는 것이 느껴지시나요? 이런 경우에는 본용언과 보조용언이 아닌, 두 개의 본용언이 사용된 문장입니다. 많은 에디터도 처음에 보조용언을 분리해 내는 것을 힘들어해요. 제가 추천하는 방법은 보조용언인지 헷갈릴 때 앞 용언 맨 뒤에 '-서'나 '-려고'를 붙여 보는 거예요. 붙여서 말이 된다면 뒤의 용언이 보조용언이 아닌 것이고, 붙여서 말이 안 된다면 뒤의 용언이 보조용언인 거죠. 보조용언 문장이었던 '불이 꺼져 가다'에 대입해 볼게요. '불이 꺼져서 가다'나 '불이 꺼지려고 가다' 둘 다 말이 안 되니까, 뒤의 '가다'가 보조용언인 셈이죠. 그럼 보조용언이 쓰이지 않았던 '그림을 보러 갔다'에 '-려고'를 대입해 볼게요. '그림을 보려고 갔다'라는 아주 매끄러운 문장이 완성돼요. 왠지 더 어려워진 것 같다고요? 보조용언은 앞 용언을 꾸미는 용도로 사용된다고만 아시면 사실 이런 대입법 없이도 쉽게 보조용언을 가려낼 수 있어요.

1. 내가 직접 가 본 그림이야.
2. 내가 직접 가 본 장소야.

　이제 정말 본용언과 보조용언을 가리는 마지막 예문입니다. 둘 다 똑같이 '가 보다'라는 용언이 쓰였어요. 일단 첫 번째 방법인 보조용언을 소거해 보는 방법부터 써 볼까요? '내가 직접 간 그림이야.'와 '내가 직접 간 장소야.'라고 읽을 수 있겠죠. 첫 번째 문장은 말이 되지 않고, 두 번째 문장은 딱 떨어지는 문장이 되었습니다. 이를 통해 두 번째 문장의 '보다'는 보조용언으로 쓰였다는 것을 쉽게 눈치챌 수 있겠죠? 두 번째 방법인 앞 용언에 '-서'와 '-려고'를 붙이는 방법도 써 볼게요. '내가 직접 가서 본 그림이야'와 '내가 직접 가서 본 장소야'라고 쓸 수 있죠.

　근데 참 이상합니다. '서'가 붙어서 말이 되면 본용언으로 쓰인 것이라고 했는데, 아까 두 번째 문장은 보조용언이 쓰인 문장이지 않았나요? 이 경우에는 화자가 보조용언으로 사용했을 수도 있고, 본용언으로 사용했을 수도 있는 문장입니다. 갑자기 더 골치가 아파져 오네요. '내가 직접 가서 본' 장소를 이야기하고 싶었다면 본용언으로 사용한 것이고, '내가 직접 간' 장소를 이야기한 것이라면, 보조용언으로 사용한 것입니다. 점점 복잡해지지만 잘 따라오고 있다고 믿을게요!

왜 이렇게 본용언과 보조용언을 나누는 것에 공을 들였을까요? 다시 강조하지만, 보조용언의 띄어쓰기가 꽤 복잡하기 때문이에요. 다음 꼭지에서 이 보조용언의 복잡한 띄어쓰기에 대해서 말해 볼게요.

---

1. 동사와 형용사를 합쳐 '용언'이라고 부른다.
2. 보조용언은 본용언을 돕는다.
3. 뒤에 오는 용언을 지우고도 문장이 말이 되면, 뒤의 문장은 '보조용언'이었던 것.
4. 앞에 오는 용언 어미를 '-서'와 '-려고'로 바꿔보고, 말이 되면 뒤의 용언이 '본용언'.

#동사 #형용사 #보조용언

본용언과 보조용언의 띄어쓰기를 알아봅시다!

애초에 조사와 접사를 제외한 모든 품사는 띄어 쓰면 된다고 배웠는데, 도대체 왜 띄어쓰기를 위해 본용언과 보조용언을 나누어야 했을까요? 맞아요. 원칙적으로는 보조용언도 띄어 쓰는 것이 절대적으로 맞습니다. 근데 항상 우리를 괴롭히는 아이들이 있죠. '예외'와 '허용'이라는 아주 무시무시한 아이들 말이에요! 보조용언은 띄어 씀을 원칙으로 하지만, 때에 따라 붙여 쓰는 것도 허용하고 있어요. 그래서 출판사들은 저마다의 원칙을 적용하여 더욱 가독성이 좋은 형태로 사용하고 있죠. 어떤 경우인지 알아볼까요?

1. 불이 꺼져가다.
2. 물을 마셔보다.
3. 적을 막아내다.
4. 물을 먹어대다.
5. 내가 직접 가본 장소야.

일단, '본용언+-아/-어/-여+보조용언' 구성에서 붙여 쓸 수도 있다'에서부터 시작하는 것이 좋겠어요. 앞에서 예문으로 사용했던 대부분의 보조용언은 본용언 다음에, '아, 어, 여'가 붙었기 때문에 앞말과 붙여 쓸 수 있는 아이들이에요. 그럼, 붙여 쓰지 못하는 아이들을 알아보는 것이 빠르겠죠?

보조용언 앞에 조사가 사용된 경우
1. 불이 꺼져만 간다.
2. 물을 마셔도 봤다.

앞에서 배웠던 본용언과 보조용언 사이에 조사가 들어온다면 이것은 무조건 띄어 써야 해요. 긴 설명이 필요 없이 조사 다음에는 무조건 띄어 써야 해서 그렇게 헷갈리지는 않을 거예요.

2음절 초과의 복합어가 본용언으로 사용된 경우
1. 너와 <u>함께해</u> 볼게.
2. 내가 <u>움직여</u> 줄게.

복합어라는 것은 앞서 배웠던, 합성어와 파생어를 모두 아우르는 말이에요. 이런 복합어는 국립국어원 표준국어대사전에 모든 단어에 붙임표(-)로 표기되어 있어요. 예문에 나온 '함께하다'를 검색하면, '함께-하다'라고 표기하고 있으며, 이 단어가 복합어임을 알려주고 있죠.

'함께하다'를 본용언으로 활용할 때 '함께해 보다'처럼 결국 3음절을 사용하게 돼요. 2음절을 초과했기 때문에 이의 경우에는 '함께해 보다'처럼 꼭 띄어 써야 합니다. 그럼 같은 복합어인 '구-하다'의 경우는 어떨까요? '구해 주다'처럼 본용언으로 활용되었을 때 2음절을 초과하지 않기 때문에 '구해주다'와 같이 붙여 쓸 수 있는 것입니다. 여기서 주의해야 할 것은 '만들다'처럼 복합어가 아닐 경우에는 '만들어주다'처럼 본용언의 음절과 상관없이 붙여 쓸 수 있다는 점입니다.

보조용언 앞에 '-(으)ㄴ가, -나, 는가, -(으)ㄹ까, -지' 등의 종결 어미가 있는 경우
1. 의자가 작은가 보다.

2. 그냥 집에 갈까 보다.

앞에서 잠깐 언급한 어미 중에 한 문장을 종결되게 하는 어말 어미, '종결 어미'가 있었죠. 종결 어미라고 외우면 머리가 터져버릴 것 같으니, 앞의 본용언에 'ㄴ가, 나, 까, 지'가 오는 아이들은 띄어야 한다고 외우시면 훨씬 쉬워요! 'ㄴ가나까지!'

보조용언의 띄어쓰기는 이 글만으로 이해가 안 되었을 수도 있어요. 그게 정상이니 너무 푸념하지 마세요! 에디터 중에서도 이런 개념을 모르고 일하는 친구들도 정말 많답니다. 애초에 모든 보조용언은 띄어 쓰는 것이 원칙이기 때문에, 용언이 두 개가 연이어 나왔을 때 무조건 띄어 쓴다면, 틀린 문장은 절대 되지 않아요.

---

1. 본용언과 보조용언은 붙여 쓰는 것이 허용이나, 아래 세 가지의 경우에는 안 된다.
2. 보조용언 앞에 조사가 사용된 경우.
3. 2음절 초과의 복합어가 본용언으로 사용된 경우.
4. 보조용언 앞에 'ㄴ가나까지'의 종결 어미가 있는 경우.

#동사 #형용사 #보조용언

이것도 보조용언이라고요!
듯하다, 만하다, 법하다, 성싶다

앞서 보조용언으로 사용했던 '가다'나 '보다'와 같은 아이들은 동사로의 뜻이 존재하지만, 보조용언으로도 사용되는 아이들이었어요. '가다'가 다른 곳으로 장소를 이동한다는 뜻의 동사로도 사용되지만, 앞말이 뜻하는 행동이나 상태가 계속 진행됨을 나타내는 보조동사로도 쓰이는 것처럼 말이에요. 그렇기 때문에 이 동사가 본용언으로 쓰였는지, 보조용언으로 쓰였는지 그 구별이 다소 어렵고 복잡하게 느껴질 수 있어, 꽤 길게 설명을 드렸죠.

이번에 소개할 아이들은 오로지 '보조용언'으로만 쓰여서 가끔 띄어쓰기가 헷갈리는 아이들입니다!

보조용언으로 붙일 수 있는 조건이 '본용언+아/-어/-여+보조용언' 구성이라고 앞 꼭지에서 말씀드렸는데요. 다른 한 가지는 '관형사형+보조용언(의존 명사+하다/싶다)' 구성으로 쓰이는 경우입니다. 여기서 '관형사형'이라고 하면, '-(으)ㄴ'이 붙은 '읽은'·'본', '-(으)ㄹ'이 붙은 '갈'·'잡을', '-는'이 붙은 '먹는' 등을 뜻해요. 그 뒤에 의존 명사와 '하다'나 '싶다'가 결합된 보조용언이 와야 하죠. 예를 들면 의존 명사 '듯'과 '하다'가 결합한 보조형용사 '듯하다'처럼 말이에요. 위의 이 복잡한 법칙을 충족하는 예시를 만나 볼게요.

1. 비가 올듯하다.
2. 화를 낼만하다.
3. 힘이 들법하다.
4. 네가 갈성싶다.

거듭 강조하지만, 띄는 것이 원칙이나 붙이는 것이 허용되는 아이들이에요. '관형사형' 뒤에 와야 한다고 어려운 말로 으름장을 놓았지만, 우리가 흔히 구어로 말할 때 대부분의 '관형사형+보조용언(의존 명사+하다/싶다)' 구성에서는 관형사형을 이용했었기 때문에 그렇게 어렵지는 않을 거예요.

> 1. 관형사형+보조용언(의존 명사 +-하다/싶다)는 붙여 쓰는 것도 허용!

#동사 #형용사 #보조용언

무조건 붙여야 하는 보조용언과 무조건 띄어야 하는 보조용언?

앞서 띄어 쓰는 것이 원칙이나 붙여 쓰는 것이 허용인 보조용언의 2가지 구성에 대해서 배워봤는데요. 언제나 우리를 괴롭히는 건 뭐라고 했죠? 네. 역시 가장 고통스러운 예외라는 아이입니다. 보조용언임에도 무조건 앞말과 붙여 써야 하는 보조용언이 있는데요. 바로 지금 소개할 '-아/-어 지다'와 '-아/-어 하다'입니다. 각각 쉽게 '어지다'와 '어하다'로 이야기할게요. '어지다'와 '어하다'는 보조용언으로 쓰이긴 하지만, 대부분 앞말에 붙어 타동사로 만들거나 형용사를 자동사처럼 만들어주는 역할을 해요. 그렇기 때문에 붙이는 것을 원칙으로 삼고,

무조건 붙여 써야 합니다.

1. 차가 저절로 가지다.
2. 저기에 빌딩이 세워진다.
3. 고양이를 예뻐한다.
4. 등을 가려워한다.

'지다'나 '하다'가 본용언 뒤에 온다면, 무조건 붙여 쓰는 것인지 의심부터 해볼 필요가 분명히 있겠죠? 여기까지였다면, 그렇게 어렵지는 않았을 텐데 무조건 띄어 써야 하는 보조용언도 존재한답니다. 일단 아래 국립국어원에서 가지고 온 예를 볼게요.

1. 먹고 싶어 하다.
2. 마음에 들어 하다.

위에처럼 바로 '어 하다'가 구(句)에 결합하는 경우에는 꼭 띄어 써야 하는데요. 쉽게 설명하자면 '먹고 싶어 하다'의 경우 '먹고 싶다'라는 구에 '어 하다'가 결합되었고 '마음에 들어 하다'의 경우에는 '마음에 들다'라는 구에 결합되었기 때문에, 띄어 써야 한다는 거예요. 이를 붙여서 써버리면, 구와 결합한 것이라는 사실을 제대로 나타낼 수가 없기 때문에 위와 같이 꼭 띄어 써야 해요.

---

1. '어지다'와 '어하다' 무조건 붙여 쓴다.
2. 하지만, '어 하다'가 구에 결합하면 띄어 쓴다.

#동사 #형용사 #보조용언

보조용언이 두 개 이상일 때는 어떻게 해야 할까?

'본용언+-아/-어/-여+보조용언' 구성과 '관형사형+보조용언(의존 명사+-하다/싶다)', 이렇게 두 가지의 구성에는 띄어 쓰는 것이 원칙이나, 붙여 써도 상관없다고 거듭 말씀드리고 있죠? 그러면 아래 같은 문장은 다 붙일 수 있을까요?

1. 그곳에 가 본 듯하다.
2. 적을 막아 낼 성싶다.
3. 물을 먹어 댈 법하다.

각각 '보다', '막다', '먹다'를 본용언으로 두고, 두 보조용언이 붙어 있어요. 띄어쓰기가 너무 잦아 어느 한 곳은 붙여 쓰고 싶기도 하죠? 보조용언이 두 개 이상 붙을 때는 꼭 앞의 보조용언만 붙여 쓸 수 있습니다. '저길 가본 듯하다'처럼 뒤의 보조용언은 무조건 띄어서 써야 해요. 보조용언을 붙여 쓰는 것이 허용이라는 것을 알고 난 후, 보조용언이 여러 개인지 인지하지 못하고 모두 붙여버리는 일이 종종 벌어지니, 꼭 유의하여 2개 이상의 보조용언이 붙을 땐 앞의 보조용언만 붙여 쓰시면 돼요!

1. 보조용언이 2개 이상 연속될 때는, 앞의 보조용언만 붙여 쓰는 것이 허용이다.

#동사 #형용사 #보조용언

붙여도 허용되는,
마지막 유형의 보조용언!

 보조용언에서 붙여 쓸 수 있는 두 가지 구성을 거듭 말씀드리고 있죠? '본용언+-아/-어/-여+보조용언' 구성과 '관형사형+보조용언(의존 명사+-하다/싶다)' 이렇게 두 가지요! 그런데, 여러분을 실망하게 할 수 있는 이야기를 하나 해야 할 것 같아요. 사실은 한 가지의 구성이 더 있었습니다! 하지만 아직 한숨을 내쉬기는 일러요. '명사형+보조용언'이라는 구성인데, 이 구성에는 오직 보조형용사 '직하다' 한 가지밖에 존재하지 않습니다.

1. 그 아이가 먹었음직하다.
2. 너의 말이라면 믿었음직하다.

보조용언에서 거듭 말씀드렸듯, 이 '직하다'라는 아이도 띄어 쓰는 것이 원칙이나 붙여 쓰는 것이 허용인 아이예요. 그렇기 때문에 '먹었음 직하다'처럼 띄어 써도 되고, 위의 예문처럼 '먹었음직하다'처럼 붙여 쓸 수도 있습니다.

위에서 '직하다'라는 보조용언 앞에 명사형이 와야 한다고 했는데, 명사는 처음에 배웠기 때문에 어느 정도 알고는 있지만, '명사형'은 무엇일까요? 명사형은 동사나 형용사가 명사와 같은 구실을 하게 하는 형태예요. 보통은 '-ㅁ'이나 '-음', '-기' 따위를 붙이죠. 예문의 '먹다'라는 동사로 예를 들자면, '먹음', '먹었음', '먹기' 등으로 명사화하는 것을 명사형이라고 불러요. 명사형에 대해서는 바로 다음 꼭지에서 더 알아보기로 해요.

일단 이것으로 길었던 보조용언에 대한 이야기는 끝이 났습니다. 이해가 안 되실 때는 여러 번 곱씹어 읽어보시거나, 붙임1 보조용언을 읽어보시면 될 거예요. "그냥 다 띄어 쓰는 것이 제일 편한 것 아니야?"라고 반문하신다면, 사실 크게 반론할 자신은 없어요. 근데 출판사마다 가독성에 대한 정의와 의미가 다르기 때문에, 보조용언에 대한 출판사 자체적인 원칙은 다를 수 있다는 점 참고해 주세요.

어떤 출판사는 앞에 오는 본용언이 1음절일 때만 붙이는 경우도 있고요(예를 들어 '가 보다'에서 '가'가 1음절이기 때문에 '가보다'로 쓰는 것처럼). 어떤 출판사는 본용언이 3음절이 넘으면 띄어 써야 하는 원칙을 무시한 채로 무조건 붙여 쓰기도 해요. 보조용언 띄어쓰기가 자신 없으시다면 용언과 용언 사이를 무조건 띄어 쓰세요. 그러면 띄어쓰기를 틀리는 일이 정말 많이 줄 거예요.

---

1. '명사형+직하다'의 경우에도, 띄어 쓰는 것이 원칙이나 붙여 쓰는 것도 허용한다.

#동사 #형용사 #명사형

용언을 명사형으로 만들어 보자!
만듬? 만듦?

앞에서 잠깐 언급한 '명사형'에 대해서 기억하고 계시죠? 명사형은 동사나 형용사가 명사와 같은 구실을 하는 형태를 말해요. 보통은 '-ㅁ'이나 '-음', '-기' 따위를 붙여서 명사형으로 바꿔요. 예문으로 확인해 볼까요?

1. 내가 <u>감</u>!
2. 내가 <u>먹음</u>!
3. 내가 <u>만듦</u>!
4. 밥 먹기 <u>싫음</u>!

예문으로 보면, 그렇게 어려울 것이 전혀 없죠? 근데 1번과 2번, 3번 예문이 조금씩 달라요. 벌써 눈치채셨다고요? 그래도 조금 더 자세히 살펴볼게요. '가다'의 어간인 '가'에는 받침이 없어요. 이럴 때에는 어미 '-ㅁ'을 붙여서 '감'이라고 써요. 그 다음 '먹다'를 볼게요. '먹다'의 어간 '먹'에는 받침이 있죠! 이럴 때는 '-음'을 붙여 '먹음'이라고 써요. 받침이 있는 다른 용언도 마찬가지예요. '죽음', '곧음', '뻗음'처럼 어미로 '-음'을 붙이면 돼요. 세 번째로 '만듦'을 한 번 볼까요? 여기에는 이상하게 리을이 받침으로 같이 들어가 있네요. 바로 이 부분에서 많은 오타가 발생합니다. '만들다'의 어간은 '만들'이에요. '만들'을 어간으로 '만들었어', '만들고', '만들다' 등 여러 어미가 붙죠. 이같이 어간 끝이 리을로 끝나는 경우에는 꼭 어미 '-ㅁ'을 붙여야 해요. '머물다'를 '머묾'으로, '빌다'를 '빎'으로, '붇다'를 '붊', '베풀다'는 '베풂'으로 써야 합니다. '-기' 같은 경우에는 예외 없이 '-기'를 붙이면 돼서 그렇게 어렵지 않으실 거예요.

사실 평소에 명사화 문장을 잦게 쓰지는 않아요. 하지만 요즘 인터넷 채팅이 잦아지면서 '나도 봄!', '나도 만듦!', '나도 이거 보고 욺!' 같은 어두를 많이 사용하는 것 같아요. 그래서 인터넷 서핑을 하다 보면, 제대로 맞추지 않은 맞춤법을 정말 많이 보고는 한답니다. 이제라도 조금 제대로 쓸 수 있으시겠죠? 근데 어떡하죠? 조금 더 어려운 얘기를 해보려고 해요!

1. 내가 <u>욺</u>은, 너를 위한 것이다.
2. 나의 <u>울음</u>은, 너를 위한 것이다.

 위의 예제를 볼게요. 분명 어간 끝이 리을 받침으로 끝날 경우에는, '-ㅁ'을 붙여서 명사화를 한다고 말씀드렸잖아요? 그래서 '욺'이 되는 것이 바르다고 배웠는데, 두 번째 예시의 '울음'은 도대체 뭘까요?

 '명사화'라는 것은 품사 자체를 명사로 만드는 것은 아니에요. 품사 자체는 동사나 형용사 그대로 그 자리에서 쓰이지만, 말 그대로 '명사형'으로 쓰인 것이죠. 하여 '욺'이라는 명사형 용언을 사용하려면, 그 위치도 용언의 자리에 꼭 있어야 합니다. 2번에서 '울음' 자리에 그냥 다른 명사들을 넣어 볼게요. '나의 지우개는 너를 위한 것이다.', '나의 연필은 너를 위한 것이다.' 등 애초에 명사가 와야 하는 자리였다는 걸 느끼실 수 있죠? '울음' 같은 경우에는 용언의 명사형이 아닌 '우는 일. 또는 그런 소리.'라는 뜻을 가진 명사로 아예 등재되어 있는 단어예요. 그렇기 때문에 2번에는 '명사형'이 아닌 진짜 명사 '울음'이 와야 하는 것이죠.

 1번 예문에도 명사를 한 번 넣어볼까요? '내가 지우개는, 너를 위한 것이다.'처럼 아예 말이 안 되는 문장이 돼요. 애초에 용언이 와야 할 자리였거든요. '내가 우는 것은, 너를 위한 것이다.'처럼 굳이 명사형으로 쓰지 않고 풀어 써보면, 확실히 용언의 자리였다는 것을 더 느끼실 수 있을 거예요. 그렇기 때문에 명사 '울음'이 아닌 용언의 명사형 '욺'이 와야 하는 것입니다.

가끔 공무원 시험 같은 곳에서는 용언의 명사화와 파생 명사를 구별하는 문제가 나오기도 한다고 해요. 하지만 우리는 시험을 볼 것이 아니기 때문에 '울음', '욺'이나 '얼음', '얾' 같은 오타에만 주의한다면 큰 오타는 생기지 않을 거예요.

---

1. 용언을 명사화한다고 해도, 품사는 그대로 동사나 형용사여서, 그 자리에 쓰여야 한다.
2. 받침이 없을 때는 '-ㅁ'. (감)
3. 받침이 있을 때는 '-음'. (갔음)
4. 받침이 리을일 때는 '-ㅁ'. (머묾)

#동사 #형용사 보조용언

'어지다'는 조심히 사용하세요!
이중 피동

　이중 피동은 두 개의 피동 표현이 동시에 쓰인 것으로, 피동은 주체가 다른 힘에 의하여 움직이는 동사의 성질을 의미합니다. '잊다'의 피동인 '잊히다'를 들 수 있겠네요.

　앞에서 잠깐 설명한 '어지다'는 동사에 '피동'의 의미를 더해 줘요. '가다'에 '어지다'를 붙여 '가지다'라고 표현한다면, 내가 직접 가는 것이 아니라 어떠한 것에 의하여 가진 것을 의미하게 되는 피동이 된 것이죠. '잊다'의 피동사인 '잊히다'가 굳이 사전에 등재되어 있지만, '잊어지다'처럼 쓸 수도 있어요. 하지만 여기서 가장 중요한 것은 우리는 쉬이 피동을 두 번 활용한다는 거예요.

1. 잊어진 계절
2. 잊힌 계절
3. 잊혀진 계절

위의 세 문장 중에 어떤 문장이 가장 읽기 편하고 쉬우셨나요? '잊혀진 계절'이 영화, 드라마, 대중가요로도 만들어지며 가장 쉽게 접했던 문장이죠. 하지만 이 '잊혀진'이 바로 이중 피동 표현입니다. 사실 이 이중 피동이 옳다, 틀리다는 규정을 정한 것은 없습니다. 흔히 번역체의 군더더기로 보고 지양하는 출판사가 많으나, 국립국어원은 비문이라고까지는 말할 수 없고 뜻이 겹치지 않게 표현하는 것이 간결하여 바람직하다는 차원으로 이해해야 할 것으로 보인다고 답했어요. 문법 파괴까지는 볼 수 없으나, 지양하는 쪽이 간결한 문장으로는 더 좋다고 생각할 수 있겠죠?

> 1. 이중 피동은 지양하는 쪽이 간결한 문장에 도움이 된다.

#어미

제일 많이 틀리는 어미!
아니에요? 아니예요?

동사와 형용사에서 스리슬쩍 어미의 이야기로 넘어왔으니, 어미에서 제일 많이 틀리는 것들을 이야기해 볼까 해요! 먼저 이야기할 것은 '예요'와 '에요'입니다.

1. 전 바보예요.
2. 전 말미잘이에요.

일단 정말 간단한 법칙부터 알려드릴게요. 앞에 오는 명사 마지막 글자에 받침이 없을 때는 어미 '예요'를 붙여서 '바보예요'처럼 써요. 받침이 있을 때는 '말미잘이에요'처럼 '이에요'를 씁니다. 더 자세히 말하자면, '예요'는 '이에요'를 줄여 쓴 거에요. 그래서 '전 바보이에요'라고 써도 틀린 말은 아닙니다. 하지만 구어적으로 '바보이에요'라고 말하는 사람은 거의 없죠. 하여 받침 없는 말 뒤에 '예요'가 일반적이게 된 거죠. 하지만 받침 있는 말 뒤에 '예요'라고 줄여 '말미잘예요'처럼은 쓸 수 없어요. 이 점만 기억한다면, 틀릴 일은 없겠죠?

1. 여기가 어디예요?
2. 이 책은 어디에요?

근데 위의 예문을 한 번 자세히 볼게요. 1번 같은 경우에는 이 앞의 예문과 같이 '어디' 뒤에 서술격 조사 어간 '이-'에 어미 '-에요'가 붙은 '이에요'의 준말인 '예요'가 붙은 문장이에요. 근데 뒤의 '어디에요?'를 살펴볼게요. '이 책은 어디에 둘까요?'라는 의미로 쓰인 이 '어디에요?'는 조사 '에'가 붙은 '어디에'의 뒤에 높임의 뜻을 나타내는 보조사 '요'가 붙은 '어디에요'가 돼요. '어디' 같은 경우에는 맥락에 따라 쓰임이 다를 수 있으니, 꼭 주의해서 사용해야 합니다. '어디'와 같이 사용에 조심해야 하는 것이 하나 더 있는데요. 바로 '아니에요'입니다.

1. 전 아니에요.

'아니에요'는 길게 설명할 필요도 없이 묻지도 따지지도 않고 무조건 '아니에요'라고 사용해야 해요! 여기서 어미 '에요'는 해요할 자리에 쓰며, 설명·의문의 뜻을 나타내는 어미이므로, '아니예요'라고 쓰는 것은 완전한 오타입니다.

---

1. 받침 있는 말 뒤에는 '이에요', 없는 말 뒤에는 '예요'.
2. '어디'는 뜻에 따라서 '예요', '에요' 모두 사용 가능.
3. '아니에요'는 무조건 '아니에요'.

#어미

이것도 많이 틀려요!
가든지 말든지, 차디차다

'예요'나 '이에요'처럼 자주 사용하지는 않지만, 같은 발음 때문에 헷갈리는 어미가 있는데요. 아래 예문들을 보며 간단하게 이해하고 넘어가도록 해요.

1. 네가 가든지.
2. 밥을 먹든지 커피를 마시든지.
3. 밥이 얼마나 맛있던지.

기억하고 있어도 이따금 머릿속에서 지워지는 '-든지'와 '-던지'에 관한 예문이에요. 일상적으로 '그러든지!'라고 발음하는 경우보다 '그러던지!'라고 발음하는 경우가 많아서 그런가, 이건 저도 쓸 때마다 바로바로 안 써지고 한 번쯤 생각하고 쓰게 되더라고요. '-던지'의 경우에는 막연한 의문이 있는 채로 그것을 뒤의 사실과 관련시키는 데에 써요. '밥이 얼마나 맛있던지 또 먹고 싶었다니까!' 같은 형식으로 쓰죠. '-든지'의 경우에는 나열된 동작이나 상태, 대상들 중에서 어느 것이든 선택될 수 있음을 나타내거나, 실제로 일어날 수 있는 여러 가지 중에서 어느 것이 일어나도 뒤의 내용이 성립하는 데 아무런 상관이 없음을 나타낼 때 쓰는 어미예요. 너무 사전식 설명에 이해가 쉽지 않죠? 저 같은 경우에는 비교할 대상이 있으면 '-든지', 없으면 '-던지'라고 나름대로 간단하게 외우고 있어요.

예문에는 없지만 '-든가'와 '-던가'도 마찬가지예요. 비교 대상이 있으면 '-든가'로, 없으면 '-던가'로 사용하시면 됩니다. '가든가 말든가.' 혹은 '내가 그랬던가?'처럼 쓰시면 돼요. '-든지'의 준말 '-든'과 '-던지'의 준말 '-던'도 역시 같은 공식에 대입하면 되고요! 명사 뒤에 오는 조사 '든지'의 사용도 마찬가지라는 것을 앞에서 배웠었는데, 기억하시나요? '배든지 사과든지 아무거나 가지고 와!'처럼 사용하시면 됩니다. 다음에 알아볼 어미는 어미 중에서 가장 특이한 아이예요.

1. 차디차다.
2. 쓸쓸하디쓸쓸하다.

우리가 많이 틀리고 있는 무수히 많은 어미가 있지만, 이 아이는 좀 색달라요. 어미 '-디'는 형용사 어간을 반복하여 그 뜻을 강조하는 연결 어미로, 뒷말과도 꼭 붙여 써야 해요. 이미 형용사로 등재된 '차디차다'뿐만 아니라, '-디'의 어미를 사용하려면 꼭 뒷말과 붙여 써야 하는 거죠! '쓸쓸하디쓸쓸하다'처럼 다소 띄어쓰기가 틀린 것처럼 보일 수 있으나, 이게 맞게 띄어 쓴 것이라는 점. 꼭 알아두세요!

---

1. 비교 대상이 있을 땐 '-든지', 없을 땐 '-던지'
2. 연결 어미 '-디'는 꼭 뒷말과도 붙여 써야 한다.

TEST

제가 당신을 더 사랑했나봐요.

이 눈물이 그 증거에요.

떠나던 말던 상관하지 않겠어요.

찢어 질듯한 이 상처는 간직할께요.

정답
제가 당신을 더 사랑했나 봐요.
이 눈물이 그 증거에요.
떠나던 말던 상관하지 않겠어요.
찢어질 듯한 이 상처는 간직할게요.

붙임 #1

보조용언의 띄어쓰기

한글 맞춤법 5장 3절

제47항 보조용언은 띄어 씀을 원칙으로 하되, 경우에 따라 붙여 씀도 허용한다. (ㄱ을 원칙으로 하고, ㄴ을 허용함.)

ㄱ	ㄴ
불이 꺼져 **간다**.	불이 꺼져**간다**.
내 힘으로 막아 **낸다**.	내 힘으로 막아**낸다**.
어머니를 도와 **드린다**.	어머니를 도와**드린다**.
그릇을 깨뜨려 **버렸다**.	그릇을 깨뜨려**버렸다**.
비가 올 **듯하다**.	비가 올**듯하다**.
그 일은 할 **만하다**.	그 일은 할**만하다**.
일이 될 **법하다**.	일이 될**법하다**.
비가 올 **성싶다**.	비가 올**성싶다**.
잘 아는 **척한다**.	잘 아는**척한다**.

* '도와 드리다'는 '표준국어대사전'에 따르면 '도와드리다'로 붙여서 써야 한다. 이는 '도와주다'를 한 단어로 처리한 것에 맞추어 동일하게 처리하고자 함이다.

다만, 앞말에 조사가 붙거나 앞말이 합성 용언인 경우, 그리고 중간에 조사가 들어갈 적에는 그 뒤에 오는 보조용언은 띄어 쓴다.

> 잘도 놀아만 **나는구나**!
> 네가 덤벼들어 **보아라**.
> 그가 올 듯도 **하다**.
>
> 책을 읽어도 **보고**…….
> 이런 기회는 다시없을 **듯하다**.
> 잘난 체를 **한다**.

해설

보조용언도 하나의 단어이므로 띄어 쓰는 것이 원칙이나 경우에 따라서는 붙여 쓰는 것이 허용되기도 하고 아예 붙여 쓰는 것만 허용하는 경우도 있다. 이 조항에서는 붙여 쓰는 것이 허용되는 경우를 실례를 들어 보여 주고 있다. 붙여 쓰는 것이 허용되는 경우는 다음의 두 가지이다.

> (1) '본용언+-아/-어+보조용언' 구성
> (사과를) 먹어 보았다. / 먹어보았다.
>
> (2) '관형사형+보조용언(의존 명사+-하다/싶다)' 구성
> 아는 체하다. / 아는체하다.

규정에서 제시한 예가 모두 이 두 가지 구성 중 하나이고 이러한 구성의 합성어도 많다는 점을 고려하여 이 두 가지 구성은 붙여 쓰는 것도 허용하였다.

이 외에 특이한 형태로 '명사형+보조용언' 구성이 있다. 여기에 해당

되는 보조용언은 '직하다' 한 가지이며, '먹었음 직하다'와 같이 쓰인다. 이것은 위의 두 유형에 속하지는 않지만 '먹었음직하다'와 같이 붙여 쓴 형태가 매우 자연스러우므로 역시 붙여 쓰는 것을 허용한다. 위와 같은 경우가 아니라면 보조용언은 앞말과 띄어 쓰고 붙여 쓰지 않는다. 보조용언 앞에 '-(으)ㄴ가, -나, -는가, -(으)ㄹ까, -지' 등의 종결 어미가 있는 경우에는 보조용언을 그 앞말에 붙여 쓸 수 없다.

(3)
ㄱ. 책상이 작은가 싶다.
ㄴ. 그가 밥을 먹나 보다.
ㄷ. 집에 갈까 보다.
ㄹ. 아무래도 힘들겠지 싶었다.

규정의 용례에 '드리다'가 결합한 예로 '어머니를 도와 드린다'가 제시되어 있다. '도와 드린다'가 원칙, '도와드린다'가 허용으로 되어 있는데, '도와주다'가 사전에 올라 있으므로 '도와드리다'도 붙이는 것이 자연스럽다. 따라서 '도와드리다'는 항상 붙여 쓰면 된다.

반대로 아래와 같이 '-아/-어 지다'와 '-아/-어 하다'가 붙는 경우는 보조용언을 앞말에 붙여 쓴다. '지다'와 '하다' 둘 다 보조용언으로 다루어지기는 하나, '-아/-어 지다'가 붙어서 타동사나 형용사가 자동사처럼 쓰이고 '-아/-어 하다'가 붙어서 형용사가 타동사처럼 쓰인다는 점에서 원칙적으로 붙여 쓴다.

(4)
ㄱ. 낙서를 지운다. → 낙서가 지워진다.
ㄴ. 아기가 예쁘다. → 아기를 예뻐한다.

'낙서가 지워 진다'나 '아기를 예뻐 한다'와 같이 띄어 쓰는 일이 있지만 이는 잘못이고, '낙서가 지워진다'와 '아기를 예뻐한다'로 붙여 써야 한다.

다만, '-아/-어 하다'가 구(句)에 결합하는 경우에는 띄어 쓴다. 아래에 보인 '-아/-어 하다'는 '먹고 싶다', '마음에 들다', '내키지 않다'라는 구에 결합한 것이다. 이런 경우 '-아/-어 하다'를 뒷말에 붙여 쓰면, 구 전체에 '-아/-어 하다'가 결합한 것이라는 사실을 제대로 나타낼 수가 없다. 따라서 이처럼 구에 결합한 경우에는 아래와 같이 띄어서 쓴다.

먹고 싶어 하다.(○) / 먹고 싶어하다.(×)
마음에 들어 하다.(○) / 마음에 들어하다.(×)
내키지 않아 하다.(○) / 내키지 않아하다.(×)

앞말에 조사가 붙거나 앞 단어가 합성 용언인 경우는 보조용언을 앞말에 붙여 쓰지 않는다. 또한 의존 명사 뒤에 조사가 붙을 때에도 붙여 쓰지 않는다. 본용언이 합성어인 경우에는 '덤벼들어보아라, 떠내려가버렸다'처럼 본용언과 보조용언이 결합한 형태가 너무 길어질 수 있으므로 본용언과 보조용언을 붙여 쓰지 않는다. 본용언이 파생어인 경우도 마찬가지이다. 또 의존 명사 뒤에 조사가 붙은 경우는 보조용언 구성이 아니라 의존 명사와 용언의 구성이므로 붙여 쓸 수 없다.

직접 먹어도 보았다.(○) / 직접 먹어도보았다.(×)
읽어는 보았다.(○) / 읽어는보았다.(×)

쫓아내 버렸다.(○) / 쫓아내버렸다.(×)

매달아 놓는다.(○) / 매달아놓는다.(×)
집어넣어 둔다.(○) / 집어넣어둔다.(×)
파고들어 본다.(○) / 파고들어본다.(×)

공부해 보아라.(○) / 공부해보아라.(×)

읽은 체를 한다.(○) / 읽은체를한다.(×)
비가 올 듯도 하다.(○) / 비가 올듯도하다.(×)
겨룰 만은 하다.(○) / 겨룰만은하다.(×)

다만, 본용언이 합성어나 파생어라도 그 활용형이 2음절인 경우에는 붙여 쓴 말이 너무 긴 것은 아니므로 본용언과 보조용언을 붙여 쓸 수 있다.

나가 버렸다. / 나가버렸다.
구해 본다. / 구해본다.
빛내 준다. / 빛내준다.
더해 줬다. / 더해줬다.

그리고 아래와 같이 보조용언이 거듭 나타나는 경우는 앞의 보조용언만을 붙여 쓸 수 있다.

적어 둘 만하다. / 적어둘 만하다.
읽어 볼 만하다. / 읽어볼 만하다.
되어 가는 듯하다. / 되어가는 듯하다.

04

사원님, 이것도 모르면서 집에 간다고요?

관형사 | 부사 | 감탄사

지금까지 숨가쁘게 여섯 개의 품사를 알아보았는데요. 이제 조금은 숨을 고르셔도 괜찮을 것 같아요. 남은 세 개의 품사인 관형사와 부사, 감탄사 같은 경우에는 앞의 조사나 동사, 형용사처럼 그렇게 어려운 이야기를 하지는 않을 거거든요. 먼저 기본적으로 이 세 가지의 품사가 어떤 품사인지 간단하게 이야기하고 넘어갈게요.

관형사와 부사

관형사와 부사는 쉽게 '뒷말을 꾸며주는 거'라고 생각하시면 돼요. 관형사는 1장에서 배웠던 명사, 대명사, 수사 따위의 체언을 꾸며 주는 역할을 해요. '한 사람', '순 살코기'처럼 쓰이며, 당연히 띄어 써야 해요. 사용에 따라 성상 관형사, 지시 관형사, 수 관형사로 나뉘는데, '이런 것도 있구나.' 정도로만 넘어가셔도 괜찮아요. 부사는 형용사나 동사 같은 용언의 앞에서 용언을 꾸며 주는 역할을 하는 아이예요. '안 괜찮아.', '매우 좋아.'처럼 사용하죠. 부사 또한 사용에 따라 성분 부사와 문장 부사로 나뉘며 그 안에서도 성상 부사, 지시 부사 등으로 나뉘는데, 이렇게까지 문장 성분을 분석하면서 글을 쓰는 사람은 거의 없겠죠?

관형사와 부사는 조사가 붙지 않으며, 관형사는 어미의 활용도 없어, 몇 가지 잘못 쓰이는 것들만 상기한다면 틀리는 일이 그렇게 잦지 않아요.

감탄사

감탄사는 말 그대로 말하는 이의 본능적인 놀람이나 느낌, 부름, 응답 따위를 나타내는 말을 뜻해요. '아이코'나 '그것참' 같은 아이들이 대표적이죠. 이번 장에서는 우리가 몰랐거나, 신기한 감탄사 몇 개만 알아보기로 할게요.

#관형사 #명사 #접사

관형사와 이미 합쳐진 명사?
의미에 따라 쓰기!

앞에서 접사를 포함한 합성어와 파생어에 대해서 상세하게 다뤄봤던 것, 기억하시죠? '풋사과'나 '첫걸음'처럼 접사가 붙어 하나의 명사로 굳어진 아이들을 '파생 명사'라고 부르고, 어근과 어근이 합쳐져 하나의 명사로 굳어지면 '합성 명사'라고 부른다고 말씀드렸어요. 왜 구태여 지난 이야기들을 꺼내왔냐 하면, 관형사와 어근이 합쳐져 이미 하나의 합성 명사로 굳어진 아이들이 꽤 있기 때문인데요.

1. 순 살코기, 순우리말

위 예문은, 다른 것이 섞이지 아니하여 순수하고 온전하다는 뜻의 관형사 '순'으로 활용된 아이인데요. '순 살코기' 같은 경우에는 등재되어 있지 않았기 때문에 '순'이 관형사로 사용되었다고 볼 수 있어요. 하지만 '순우리말' 같은 경우에는 순과 우리말이 합쳐져 만들어진 합성 명사이기 때문에 '순우리말'처럼 붙여 써야 합니다. 관형사를 사용할 때, 왠지 등재되어 있을 것만 같은 느낌의 말들을 미리 검색하고 쓴다면 오타를 많이 줄일 수 있겠죠? 근데 문제는 아래와 같은 경우예요.

1. 첫 겨울, 첫겨울
2. 한 사람, 한사람

띄어쓰기 하나로 뜻이 완전히 달라진다는 소리를 여러 번 하고 있는 것 같아요. 위와 같은 경우도 띄어쓰기 하나에 그 문장을 좌지우지할 수 있는 문장의 대표적인 예라고 하겠습니다. 띄어 쓴 '첫 겨울'의 경우에는 '너와 나의 첫 겨울이야.'처럼 사용하여, '처음의'라는 말과 상응해요. '너와 보내는 첫 번째 겨울이야.'라는 말이 되겠죠. 하지만 붙여서 '너와 나의 첫겨울이야.'라고 쓴다면 이야기는 완전히 달라져요. '첫겨울'은 겨울이 시작되는 첫머리를 뜻하는 합성 명사로, 비유적으로 썼다고 생각하더라도 이해가 잘 안 되는 문장이 돼요. '늦가을도 지

나고 첫겨울로 접어들었어'와 같은 형식으로 사용할 수 있는 단어인 거죠. 혹, '너와 처음 겪는 겨울의 첫머리'를 뜻하려고 한다면, '너와 나의 첫 첫겨울이야.'처럼 쓰는 것이 맞아요.

한 사람과 한사람도 비슷해요. 수량이 하나임을 나타낼 때는 '나에겐 오직 너, 한 사람이야.'처럼 관형사로 사용하지만, '같은 사람'을 이야기하고자 할 때는 관형사 '한'과 '사람'이 이미 합쳐진 합성 명사를 사용하여 '그 둘은 한사람이었어!'처럼 써야 해요. '한 사람이 했어'는 한 명이 했다는 뜻이고, '한사람이 했어.'는 같은 사람이 했다는 뜻이 돼요. 이해하셨죠?

---

1. 관형사를 사용할 때, 이미 관형사와 합해져 합성 명사가 된 아이가 있는지 조심하자.

#관형사 #부사

왠지 자주 틀리는 말. 왠지? 웬지? 왠? 웬?

맞춤법 관련된 여러 글을 볼 때마다 빠지지 않고 등장하는 아이들이 있어요. 바로 '왠'과 '웬'인데요. 발음만으로는 쉽사리 구별하기가 어려워, 글을 쓸 때 꼭 한 번씩 고민하게 되죠. 딱 한 가지만 기억하면 정말 쉬워요. '왜인지'를 빼고는 모두 '웬'으로 쓴다는 것인데요. '왠지'는 '왜인지'의 준말이기 때문에 '왜인지'를 넣을 수 있는 곳에만 '왠지'를 사용하면 되고, 나머지 대부분은 '웬'으로 사용하면 됩니다. '왠지'는 '왜 그런지 모르게 또는 뚜렷한 이유도 없이'를 뜻하는 부사로 '왠지 싫어', '왠지 불길해'처럼 사용해요. '웬'은 '어찌 된', '어떠한'의 뜻을 가진 관형사로 '웬 영문', '웬 걱정', '웬 놈'처럼 사용해요. '웬'을 포함하여 사용하는 다른 부사나 형용사도 마찬가지예요. '웬만하다', '웬만큼', '웬만치', '웬일'처럼 '웬'만을 써요. '왠'은 '왠지'에만 사용한다는 것만 알면 진짜 쉽죠?

> 1. '왠'은 '왠지'를 빼고는 사용하지 않는다.

#관형사 #부사

안되다? 안 되다?
못하다? 못 하다?

띄어쓰기 하나만으로 뜻이 완전히 변하는 아이들을 또 소개해야 할 것 같아요. 방금 관형사에서도 존재했지만, 부사에서도 이런 아이들이 존재합니다. 그 대표적이면서 헷갈리는 아이들 '안'과 '못'을 소개할까 해요. 먼저 '아니'의 준말인 '안'부터 알아보도록 할게요.

1. 먹으면 <u>안 돼</u>.
2. 공부가 <u>안된다</u>.
3. 모습이 참 <u>안됐다</u>.

'안'이 붙으면 매번 띄어쓰기가 들쑥날쑥해서 헷갈리셨을 분들이 꽤 많을 거예요. 2번과 3번에 쓰인 '안되다'는 각각 동사와 형용사로 쓰여 일, 현상, 물건 따위가 좋게 이루어지지 않을 때 쓰는 동사와 근심이나 병 따위로 얼굴이 많이 상했을 때 쓰는 형용사예요. 그렇다면 '안'을 부사로 사용하는 1번의 경우는 어떨까요? 부사 '안'이 뒤의 '되다'를 꾸며주어 부정이나 반대의 뜻을 나타내는 말로 사용한 것이죠. 한 마디로 정말 '안' 되는 것이에요. '공부 안돼'라고 쓰면 공부가 잘 안되는 것이고, '공부 안 돼'라고 쓰면 공부를 하면 안 된다는 이야기예요. '안 먹어', '안 자'처럼 다른 용언 앞에 붙으면 쉬운데, 꼭 '되다' 앞에서는 띄어쓰기를 고민하게 만든다니까요?

1. 오늘 너무 바빠서 공부를 못 했어.
2. 나는 어렸을 때 공부를 못했어.
3. 음식이 예전만 못했어.

이번에는 부사 '못'을 만나볼게요. 1번이 '못'을 띄어 쓴 것으로 보아, 1번이 부사로 사용되었다는 것은 쉬이 알 수 있죠? 부사로 쓴 '못 하다'는 '하지 않았다'를 이야기해요. 아예 못 한 거죠. 2번째 예시인 동사 '못하다'는 일정한 수준에 못 미치게 하거나 그 일을 할 능력이 없을 때 사용하는 동사예요. 공부 실력이 그렇게 좋지 않았던 모양이에요. 3번의 '못하다'는 형용사로 쓰였으며 비교 대상에 미치지 않았을 때 쓰여요. '결과물이 어제만 못하네'처럼 쓸 수 있죠. 이제는 부사를 쉬이 구분하여 당당하게 띄어 쓸 수 있겠죠?

'못 하다'는 많은 사람이 헷갈려 하는 맞춤법 중 하나인데, 그 이유 중 하나는 동사 뒤에 보조동사로 쓰이는 '-지 못하다'의 구성 때문이에요. 부사로 쓰여 '바빠서 공부를 못 했어'라고 쓴다면 '못 했어'처럼 띄어 쓰는 것이 맞으나 '바빠서 공부를 하지 못했어'와 같이 보조동사로 사용한다면 뜻은 같더라도 꼭 붙여 써야 합니다. 무슨 말인지 잘 모르시겠다고요? '못하다' 앞에 '-지'가 있다면 무조건 붙여 쓰면 된다는 이야기예요!

그 외에도 '희다 못해 투명해'처럼 앞말이 뜻하는 행동이나 상태가 극에 달했을 때나, '못해도 100명은 돼'처럼 최소한의 뜻을 나타낼 때도 붙여야 한다는 점도 함께 기억해요!

---

1. 되냐/되지 않느냐면 '안 되다', 잘되냐/안되냐면 '안되다'.
2. 잘하지 못하면 '못하다', 아예 하지 않았으면 '못 하다'.

TEST

웬지 오늘 소개팅은

잘 안 될 것 같아. 내 외모가

예전만 못 한 것도 그렇고,

미용실에서 드라이도 못했어.

내 옆의 단 한사람을 못찾네.

정답: 웬지 오늘 소개팅은 잘 안될 것 같아,
내 외모가 예전만 못한 것도 그렇고,
미용실에서 드라이도 못 했어.
내 옆의 단 한 사람을 못 찾네.

05

신입님,
부호도
제대로
못 써요?

문장 부호

여기까지 오신 여러분, 정말 고생 많으셨습니다. 총 아홉 가지의 품사 이야기는 4장으로 끝이 났어요. 이번 5장에서 배울 것은 바로 '문장 부호'입니다. 문장 부호는 글에서 문장의 구조를 드러내거나 글쓴이의 의도를 전달하기 위하여 사용하는 부호로 앞에서 배운 맞춤법을 조금 더 다채롭고 완성도 있게 만들어 줄 거예요. 마침표(.)나 쉼표(,) 등 어렸을 때부터 글쓰기를 해오며 쉽게 접한 친구들도 많지만, 겹낫표(『』)나 겹화살괄호(≪≫) 같은 다소 생소한 친구들도 만나게 될 겁니다.

한글 맞춤법 규범에는 조금 더 다양한 상황에 대해 명료하게 설명되어 있으나, 여기서는 일부 자주 쓰거나 헷갈리는 것들만 옮겨 설명하도록 할게요.

#문장 부호

기본부터 시작하자!
마침표!

　제일 많이 사용하는 문장 부호를 이야기하자면, 역시 마침표(.)겠죠. 문장 끝에 쉬이 마침표를 쓰고 있지만 그 외에 다른 곳에서도 마침표는 사용돼요. 하나하나 그 쓰임을 익혀가 보도록 해요. 먼저 마침표는 서술, 명령, 청유 등을 나타내는 문장의 끝에 씁니다. 흔히 우리는 이 용도로 많이 사용하고 있죠. 일반적인 서술, 명령, 청유 등의 문장 끝에 우리는 항상 마침표를 사용했어요. 하지만 마침표를 사용하지 않는 것을 허용하는 사례들도 있는데요.

1. 나는 "우리 헤어져./헤어져"라고 말했다.
2. 에디터를 위한 맞춤법 강좌 개최./개최

1번처럼 문장 안에 직접 인용한 문장의 끝에는 마침표를 사용해야 하는 것이 원칙이지만, 마침표를 쓰지 않아도 허용하기로 했어요. 현실적으로 마침표를 쓰지 않는 사례가 많기도 하거니와 큰따옴표로 이미 인용한 문장의 경계를 확인할 수 있기 때문인데요. 출판사마다 문장의 가독성을 판단하여 쓰는 원칙을 달리하는 경우도 있어요.

2번처럼 용언의 명사형이나 명사로 끝나는 문장에도 마침표를 쓰는 것을 원칙으로 하되, 쓰지 않는 것을 허용해요. 단락 안에서 마침표를 찍지 않는다면 헷갈리겠지만, 일기장 속 '날씨 맑음'이나 편지 속 '홍길동 올림'처럼 독자적인 문장으로 쓰였다면 마침표를 찍지 않아도 상관없어요. 단, 책이나 영화 등의 제목이나 표어에는 마침표를 찍지 않는다는 점은 꼭 알아두세요. 《당신입니다. 사랑입니다.》와 같이 표제의 문장이 여러 개여서 문장을 나눌 필요가 있는 것을 제외하고는 마침표를 쓰지 않아야 해요.

마침표는 이처럼 문장 끝에 쓰이기도 하지만, 연월일을 표기할 때나 특정한 의미가 있는 날을 표시할 때의 월과 일을 나타내는 아라비아 숫자 사이에도 쓰여요.

1. 2008. 5. 12.
2. 6. 5.~6. 10.
3. 3.1 운동

1번과 2번처럼 글자 대신 마침표로 연월일을 나타낼 수 있어요. 다만 각 '년, 월, 일' 자리에 마침표로 대신하는 것이기 때문에 '일'을 나타내는 마지막 마침표를 생략하면 안 돼요. 3번처럼 특정한 날에 쓰일 때에는 아라비아 숫자 사이에 하나의 마침표만을 찍어요. '8.15 광복'이나 '5.5 어린이날'처럼 사용할 수 있는 거죠. 이때에 쓰이는 마침표는 가운뎃점(·)을 사용하여 '3·1 운동'처럼 사용할 수도 있어요.

마지막으로 마침표는 장과 절, 항 등을 표시하는 문자나 숫자 다음에 쓸 수 있어요. 흔히 과제나 보고서를 제출할 때 '가. 시작하며', '1-1. 자기소개'와 같이 사용하고 있는 마침표가 이에 해당하겠습니다.

마침표는 온점이라고도 불리며, 마침표의 앞말과는 무조건 붙여 써야 하고, 뒷말은 띄어 써야 해요. 대부분 올바르게 쓰고 있으셨겠지만 한 번 정리하고 나니, 훨씬 자신 있게 사용할 수 있으시겠죠?

1. 서술, 명령, 청유 등을 나타내는 문장의 끝에 쓴다.
2. 아라비아 숫자만으로 연월일을 표시할 때 쓴다.
3. 특정한 의미가 있는 날을 표시할 때 월과 일을 나타내는 아라비아 숫자 사이에 쓴다.
4. 장, 절, 항 등을 표시하는 문자나 숫자 다음에 쓴다.

#문장 부호

이것도 기본이에요!
물음표와 느낌표

마침표보다는 적게 등장하지만, 꽤 자주 등장하는 문장 부호들이 있죠. 바로 물음표(?)와 느낌표(!)예요. 먼저 물음표부터 간단하게 짚고 넘어가도록 할게요.

우리는 물음표를 흔히 의문문이나 의문을 나타내는 어구의 끝에 쓰고 있어요. '아픈 건 괜찮아?', '점심 먹었어?'와 같이 사용하죠. 의문의 정도가 약할 때는 '이게 무슨 일이야.'처럼 마침표를 사용할 수도 있어요. 마침표와 마찬가지로 제목이나 표어에는 쓰지 않는 것이 원칙이에요. 선택적인 물음이 여러 개 이어질 때는 맨 끝에만 물음표를 써요. '밥 먹을래, 면 먹을래?'처럼 물음표를 붙이는 거죠. 하지만 각 물음이 독립적일 때는 '밥 먹었어? 목욕은 했니? 엄마는 어디 가셨어?'처럼 각 물음 뒤에 붙여줘요.

또 물음표는 의심, 빈정거림 등을 표시할 때 또는 적절한 말을 쓰기 어려울 때 소괄호 안에 쓰기도 해요. '아마 부산(?)에서 태어난 것 같아요.'나 '0점 맞은 너도 정말 대단한(?) 거야.'처럼 쓸 수 있어요. 예능 프로그램 자막을 보다 보면, 신조어나 비속어 뒤에 붙이기도 하는데요. '오늘부터 정말 좋(?)이야.'처럼 적절한 말이 아닐 경우에도 사용해요.

마지막으로 모르거나 불확실한 내용임을 나타낼 때 쓰기도 하는데, '임꺽정(?~1562)은 의적이다.'처럼 사용해요. 불확실할 때에도 '순자(기원전 298?~기원전 238?)는 성악설을 제창하였다.'처럼 물음표를 붙일 수 있어요.

느낌표는 흔히 사용하는 것처럼 감탄문이나 감탄사의 끝에 쓰거나, 강한 느낌을 나타내는 어구, 평서문, 명령문, 청유문에 써요. '날씨가 정말 좋구나!'나 '어머! 깜짝이야.'처럼 감탄할 때에도 사용하고 '지금 시작하자!'나 '당장 실행해!'처럼 강한 느낌을 줄 때에도 사용하죠. 감탄이 약할 때에는 '어머, 깜짝이야.'처럼 쉼표를 사용할 수도 있으며, 물음표와 마찬가지로 제목이나 표어에는 특별한 의도를 드러내고자 할 경우를 제외하고는 사용하지 않는 것이 좋아요. 그 외에도 물음의 말로 놀람이나 항의의 뜻을 나타내는 경우나 감정을 넣어 대답하거나 다른 사람을 부를 때도 써요. '대체 왜 그래!', '네, 엄마!'처럼 사용할 수 있는 것이죠.

물음표는

1. 의문문이나 의문을 나타내는 어구의 끝에 쓴다.
2. 의심, 빈정거림 등을 표시할 때 또는 적절한 말을 쓰기 어려울 때 소괄호 안에 쓴다.
3. 모르거나 불확실한 내용임을 나타낼 때 쓴다.

느낌표는

1. 감탄문이나 감탄사의 끝에 쓴다.
2. 특별히 강한 느낌을 나타내는 어구, 평서문, 명령문, 청유문에 쓴다.
3. 물음의 말로 놀람이나 항의의 뜻을 나타내는 경우에 쓴다.
4. 감정을 넣어 대답하거나 다른 사람을 부를 때 쓴다.

#문장 부호

너무 자주 쓰여!
쉼표의 사용

쉼표(,)는 문장 부호 중에 가장 많은 상황에 사용되는 부호예요. 그만큼 굳이 쓰임에 대해서 사사건건 따져보지 않아도 대충 시의적절한 때에 사용하고 있었죠. 하지만 이왕 문장 부호에 대해서 배우기로 한 것. 쉼표의 쓰임도 하나하나 뜯어보도록 할게요.

먼저 대표적으로 같은 자격의 어구를 열거할 때 사용되죠. '연필, 지우개, 볼펜을 필통에 넣었다'처럼 말이에요. 이렇게 단어를 연결할 수도 있지만, '나의 눈빛, 너의 생각, 우리의 믿음!'처럼 구나 절 자체를 쉼표로 구별하여 어구를 구분하거나 읽을 때의 호흡을 조절할 수 있죠. 가끔 '엄마, 아빠, 언니 그리고 나'처럼 마지막이나 첫 어구를 열거할 때 '그리고'를 붙이곤 하는데, '그리고'는 쉼표의 역할과 같기 때문에 쉼표는 쓰지 않아야 해요. 하지만 열거한다고 하여 꼭 쉼표를 사용할 필요는 없어요. 쉼표 없이도 열거 구분이 어렵지 않다면, '우리나라는 봄 여름 가을 겨울 구분이 뚜렷하다'처럼 쓰지 않아도 괜찮아요.

또한 쉼표는 '엄마와 나, 아빠와 동생은 단짝이다'처럼 짝을 지어 구별할 때나 '5, 6개'처럼 이웃하는 수를 개략적으로 나타낼 때에도 쓰이고, '다음으로, 선서가 있겠습니다'처럼 열거의 순서를 나타내는 어구 다음에도 사용해요.

그러면 문득 궁금해지는 것이, '그리고' 외에 '그러나' 같은 접속사 다음에도 쉼표를 쓰지 않아야 할까요? 가령 '그러나, 그 말은 틀렸다'처럼 말이에요. 접속사와 쉼표의 기능이 비슷하여 중복되는 면이 있어 사실 쓰지 않는 것이 자연스럽죠. 하지만 쉼표는 꼭 접속의 기능만 하는 것이 아니므로, 글쓴이가 필요하다고 판단된다면 접속 부사의 뒤에도 쉼표를 사용할 수 있어요.

자주 쓰는 쉼표의 사용 이외에도 쉼표는 한글 맞춤법 규범에서만 총 15가지의 쓰임이 있어요. 쉼표에 대해서 더 견고하게 알고 싶으신 분은 붙임1을 확인하시면, 쉼표의 모든 쓰임에 대해서 알 수 있을 거예요!

> 1. 쉼표의 쓰임은 15가지가 있다.

#문장 부호

정말 쉬워요!
따옴표와 괄호

 큰따옴표("")와 작은따옴표('')는 길게 설명하지 않아도 모두 알고 있으시겠죠? 큰따옴표는 직접 대화를 표시할 때 쓰고, 작은따옴표는 마음속으로 한 말을 적을 때 쓰잖아요. 그 외에 큰따옴표는 말이나 글을 직접 인용할 때도 쓰여요. 인용한 말 안에 있는 인용한 말은 "민수야, '밥 먹고 공부할게요'라고 하지 않았니?"처럼 작은따옴표로 사용하시면 됩니다. 참 쉽죠?
 괄호는 소괄호(())와 중괄호({}), 대괄호([]). 크게 세 가지로 나눌 수 있어요. 먼저 소괄호는 주석이나 보충적인 내용을 덧붙일 때나 우리말 표기와 원어 표기를 아울러 쓸 때 사용해요.

기사나 책에서 쉬이 '김민수(19세)'나 '김민수(金民洙)'처럼 사용하는 것처럼 말이에요. 또한 '광개토(대)왕'처럼 생략할 수 있는 요소임을 나타낼 때 쓴다거나 희곡 등 대화를 적은 글에서 동작이나 분위기, 상태를 드러낼 때도 사용할 수 있죠.

주석이나 보충적인 내용을 덧붙일 때 보통 소괄호를 쓰는데, 소괄호 안에 다시 소괄호를 써야 하는 경우가 이따금 발생하죠. 이런 경우에는 바깥쪽의 괄호를 대괄호로 사용하여 쓰면 돼요. '올해의 주연상은 두 명[김민지(31세), 김민수(29세)]이 수상했다'처럼 사용할 수 있어요. 대괄호는 이것 외에도 원문에 대한 이해를 돕기 위해 설명이나 논평 등을 덧붙일 때도 써요. '연구 결과가 공개됐다. [붙임 1 참조]'처럼 사용할 수 있는 것이죠. 중괄호는 자주 사용되지 않지만, 보통은 '아이들이 모두 학교{에, 로, 까지} 갔어요.'처럼 써, 열거된 항목 중 어느 하나가 자유롭게 선택될 수 있음을 보일 때에 사용해요.

잔뜩 설명하고 나니, 그렇게 대단한 사실들은 아니네요. 우리가 평소에 어렴풋이 알고 있었던 사실을 명확하게 짚고 넘어간다고 생각하시면 좋을 것 같아요!

1. 큰따옴표는 직접 대화나 글을 직접 인용할 때 쓴다.
2. 작은따옴표는 마음속으로 한 말이나 인용한 말 안에 있는 인용한 말에 쓴다.
3. 소괄호는 주석이나 보충적인 내용, 우리말 표기, 원어 표기를 아우를 때 쓴다.
4. 중괄호는 열거된 항목 중 선택할 수 있음을 나타낼 때 쓴다.
5. 대괄호는 괄호가 중복으로 사용될 때, 바깥쪽에 쓴다.

#문장 부호

그 외의
자주 쓰는 부호들

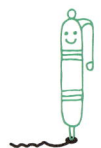

 그 외에 자주 쓰는 문장 부호들로는 흔히 말줄임표라고 부르는 '줄임표(……)'와 '물결표(~)' 정도가 있겠네요. 인터넷의 발달로 물결표를 문장 뒤에 붙여 부드러운 어조로 쓰는 사람들이 많죠. 하지만 물결표는 우리가 흔히 알고 있듯, 기간이나 거리 또는 범위를 나타낼 때에만 앞말과 뒷말에 붙여서 쓰여요. '12~75쪽'이나 '15일~25일'처럼 말이죠. 그 외에 쓰임은 없으니 어떤 인터넷 소설처럼 물결표를 남발해서는 안 되겠죠?
 줄임표는 가운데에 여섯 점(……)을 찍는 것이 원칙이에요. 컴퓨터 등에서의 입력을 간편하게 하기 위해 부호 사용의 편

의를 높이고자, 아래 여섯 점을 찍는 것도 허용하는 것으로 개정되었죠. 또 가운데든 아래든 여섯 점이 아닌 세 점을 찍는 것도 허용돼요. 하여 '...', '......', '⋯', '⋯⋯' 이렇게 네 가지 모두 사용이 가능하답니다. 줄임표는 우리가 통상적으로 사용했던 것처럼 할 말을 줄였을 때나, 말이 없음을 나타낼 때, 문장이나 글의 일부를 생략할 때, 머뭇거림을 보일 때 사용해요. 여기서 주의해야 할 점은 아래에 여섯 점을 찍어 문장을 완성하고자 할 때, 마침표를 찍어야 하는 상황이라면 꼭 마침표를 찍어야 한다는 것인데요. 결국에는 '저기요.......'처럼 총 7개의 점이 찍히게 되는 거죠. 가독성을 위해서, 보통의 출판사에서는 '저기요⋯.'처럼 가운데 세 점을 많이 사용하는 것 같아요.

이 밖에도 겹낫표니 겹화살괄호니 하는 생소한 문장 부호들도 존재해요. 자주 사용하지는 않지만, 읽어보면 좋을 내용이니 붙임2에서 여러 문장 부호들을 확인해 보세요!

---

1. 물결표는 기간, 거리, 범위를 나타낼 때 쓴다.
2. 말줄임표는 '...', '......', '⋯', '⋯⋯'의 네 가지를 모두 쓴다.
3. 말줄임표는 할 말을 줄이거나 말이 없음, 글의 일부 생략, 머뭇거림에 쓴다.

쉼표의 사용
한글 맞춤법 부록 4

부록 4 쉼표

(1) 같은 자격의 어구를 열거할 때 그 사이에 쓴다.

예 근면, 검소, 협동은 우리 겨레의 미덕이다.
예 충청도의 계룡산, 전라도의 내장산, 강원도의 설악산은 모두 국립 공원이다.
예 집을 보러 가면 그 집이 내가 원하는 조건에 맞는지, 살기에 편한지, 망가진 곳은 없는지 확인해야 한다.
예 5보다 작은 자연수는 1, 2, 3, 4이다.

다만, (가) 쉼표 없이도 열거되는 사항임이 쉽게 드러날 때는 쓰지 않을 수 있다.

예 아버지 어머니께서 함께 오셨어요.
예 네 돈 내 돈 다 합쳐 보아야 만 원도 안 되겠다.

(나) 열거할 어구들을 생략할 때 사용하는 줄임표 앞에는 쉼표를 쓰지 않는다.

예 광역시: 광주, 대구, 대전……

해설

문장 안에서 같은 자격의 어구가 연이어 나올 때는 기본적으로 각 어구들 사이에 쉼표를 쓴다. 쉼표로 연결되는 어구에는 단어도 있을 수 있고, 구나 절 형식도 있을 수 있다. 쉼표는 각 어구들을 구분하는 기능을 하며, 읽을 때에 호흡을 조절하는 데에도 도움을 준다.

(1) 소설 구성의 3 요소는 인물, 사건, 배경이다.
(2) 사회 조사 방법론에는 양적 연구, 질적 연구, 이 둘을 합한 통합적 연구 등이 있다.
(3) 서울의 숭례문, 경주의 석굴암, 익산의 미륵사지 석탑은 모두 국보다.

열거되는 어구 중에 마지막 어구 앞에 '그리고'를 쓰는 경우가 있는데, 이때 '그리고' 앞에 쉼표를 써야 하는가 하는 문제가 있다. 어구를 열거할 때 쓰는 쉼표는 '그리고'를 대신하는 것이다. 따라서 쉼표와 '그리고'를 함께 쓰는 것은 일종의 중복이라 할 수 있으므로 이 경우에는 쉼표를 쓰지 않는 것이 자연스럽다. 열거되는 어구 중에 맨 앞의 어구 뒤에 '그리고'를 쓰고 이어지는 어구들은 쉼표로 열거하는 경우도 있는데 이때도 '그리고' 앞에는 쉼표를 쓰지 않는 것이 자연스럽다.

(4) 정욱, 재용, 성민 그리고 은길이까지 모두 네 명이 시험에 합격했다.
(5) 정욱 그리고 재용, 성민, 은길이까지 모두 네 명이 시험에 합격했다.

쉼표는 같은 자격의 어구들이 열거되어 있음을 쉽게 알아볼 수 있게 하는 부호이므로 쉼표 없이도 그러한 사정을 분명히 알 수 있는 경우에는 쉼표를 쓰지 않아도 된다.

⑹ 우리나라는 봄 여름 가을 겨울의 구분이 뚜렷하다.

열거할 어구들을 생략할 때에는 줄임표를 쓰는데, 이때 줄임표 앞에는 쉼표를 쓰지 않는다.

⑺ '규현, 재호, 정석, 민수, 혁진, 광선……' 이렇게 고등학교 때 친구들의 이름을 하나하나 떠올리며 생각에 잠겨 있던 중에 갑자기 전화기가 울렸다.
⑻ 육십갑자: 갑자, 을축, 병인, 정묘, 무진, 기사, 경오, 신미……

⑵ 짝을 지어 구별할 때 쓴다.

예 닭과 지네, 개와 고양이는 상극이다.

해설

'제4항의 ⑵'는 '제4항의 ⑴'의 연장선에 있는 쉼표의 용법이다. 나열된 어구들을 짝을 지어서 구별할 때 그 사이에 쉼표를 쓴다.

⑼ 한국과 일본, 필리핀과 베트남은 각각 동북아시아와 동남아시아에 있는 국가들이다.

⑶ 이웃하는 수를 개략적으로 나타낼 때 쓴다.

예 5, 6세기
예 6, 7, 8개

해설

아라비아 숫자를 이용하여 이웃하는 수를 개략적으로 나타낼 때 각각의 숫자 사이에 쉼표를 쓴다. 여기서 이웃하는 수란 바로 다음에 이어지는 수를 가리킨다.

(10) 이 책은 4, 5세 정도의 유아에게 읽히면 좋습니다.

⑷ 열거의 순서를 나타내는 어구 다음에 쓴다.

예 첫째, 몸이 튼튼해야 한다.
예 마지막으로, 무엇보다 마음이 편해야 한다.

해설

여러 가지 내용을 열거할 때 사용하는 '첫째, 둘째, 셋째……', '먼저, 다음으로, 마지막으로……' 등과 같은 어구 다음에는 쉼표를 쓴다.

(11) 다음으로, 애국가 제창이 있겠습니다.

'그리고, 그러나, 그런데, 그러므로……' 등과 같은 접속 부사의 뒤에서는 쉼표를 쓰지 않는 것이 자연스럽다. 접속 부사와 쉼표의 기능이 중복되는 면이 있기 때문이다. 그런데 쉼표는 꼭 접속의 기능만 하는 것이 아니므로, 글쓴이가 필요하다고 판단된다면 접속 부사의 뒤에서도 쉼표를 쓸 수 있다.

(12) 네 말도 일리는 있다. 그렇지만 우리는 다른 사람들의 의견에 따라야만 한다.
(13) 노래는 감정이다. 그러므로, 노래를 강권한다는 것은 감정을 강요

하는 것과도 같은 일이다.

(5) 문장의 연결 관계를 분명히 하고자 할 때 절과 절 사이에 쓴다.

예 콩 심은 데 콩 나고, 팥 심은 데 팥 난다.
예 저는 신뢰와 정직을 생명과 같이 여기고 살아온바, 이번 비리 사건과는 무관하다는 점을 분명히 밝힙니다.
예 떡국은 설날의 대표적인 음식인데, 이걸 먹어야 비로소 나이도 한 살 더 먹는다고 한다.

해설

문장의 연결 관계를 분명히 하고자 할 때는 절과 절 사이에 쉼표를 쓴다. 그런데 이 말은 문장의 연결 관계가 쉼표 없이도 분명히 드러난다면 (15)처럼 쉼표를 쓰지 않아도 된다는 뜻이기도 하다.

(14) 모든 국민은 건강하고 쾌적한 환경에서 생활할 권리를 가지며, 국가와 국민은 환경 보전을 위하여 노력하여야 한다.
(15) 발표회가 끝나면 바로 회사로 돌아가야 합니다.

(16)처럼 한 문장에서 절과 절 사이에 쓰는 쉼표와 여러 어구를 열거할 때 쓰는 쉼표가 동시에 쓰이는 경우가 있다. 각각의 쉼표는 저마다의 기능을 하는 것이므로 이와 같이 쓰는 것을 잘못되었다고 할 수는 없다. 그러나 이런 경우에는 (17)처럼 절과 절 사이에 쓰는 쉼표를 생략하는 것이 일반적이다. 문장의 연결 관계는 연결 어미만으로도 어느 정도 분명하게 드러나기 때문이다.

(16) 1반, 2반, 3반은 집으로 돌아가고, 4반, 5반, 6반은 학교에 남았다.

(17) 1반, 2반, 3반은 집으로 돌아가고 4반, 5반, 6반은 학교에 남았다.

(6) 같은 말이 되풀이되는 것을 피하기 위하여 일정한 부분을 줄여서 열거할 때 쓴다.

예 여름에는 바다에서, 겨울에는 산에서 휴가를 즐겼다.

해설

같은 말이 되풀이되는 것을 피하기 위하여 일정한 부분을 줄여서 열거할 때는 쉼표를 사용하여 어구 간의 연결 관계를 분명하게 드러낼 수 있다.

(18) 빨간색을 선택한 분들은 오른쪽으로, 파란색을 선택한 분들은 왼쪽으로 가 주세요.
(19) 사람은 평생 음식물을 섭취, 소화, 배설하면서 살아간다.

(7) 부르거나 대답하는 말 뒤에 쓴다.

예 지은아, 이리 좀 와 봐.
예 네, 지금 가겠습니다.

해설

독립 성분은 다른 문장 성분들과 직접적인 관련을 맺지 아니하고 따로 떨어져 있는 성분으로서, 부르거나 대답하는 말은 대표적인 독립 성분이다. 이런 말 뒤에는 쉼표를 씀으로써 다른 문장 성분들과의 경계를 분명하게 하는 효과를 거둘 수 있다.

(20) "너, 나를 속이려고 했지?" "아니요, 절대로 그렇지 않습니다."
(21) "아가, 이리 좀 와 봐라." "네, 어머니."

특별한 감정을 넣어 이런 말들을 사용할 때는 쉼표 대신 느낌표를 쓸 수 있다. ['제3항의 (4)' 참조]

(8) 한 문장 안에서 앞말을 '곧', '다시 말해' 등과 같은 어구로 다시 설명할 때 앞말 다음에 쓴다.

예 책의 서문, 곧 머리말에는 책을 지은 목적이 드러나 있다.
예 원만한 인간관계는 말과 관련한 예의, 즉 언어 예절을 갖추는 것에서 시작된다.
예 호준이 어머니, 다시 말해 나의 누님은 올해로 결혼한 지 20년이 된다.
예 나에게도 작은 소망, 이를테면 나만의 정원을 가졌으면 하는 소망이 있어.

해설

한 문장 안에서 앞말을 '곧', '즉', '다시 말해', '이를테면' 등과 같은 어구로 다시 설명할 때 앞말 다음에 쉼표를 쓴다.

(22) 야구 경기에서 가장 중요한 것은 승리를 위해 서로 마음과 힘을 하나로 합하는 것, 곧 협동 정신이다.
(23) 창경궁은 15세기 후반에 성종이 전왕의 부인, 즉 대비들의 거처로 마련한 것이다.

(24) 무엇을 하든지 꾸준히 열심히 하는 것, 다시 말해 성실이 가장 큰 경쟁력이다.
(25) 그곳에는 대중교통 수단, 이를테면 버스 같은 것도 없나요?

문장 첫머리에 '곧', '즉', '다시 말해', '이를테면' 등과 같은 어구가 나올 때 그 뒤에 쉼표를 쓸 것인지 말 것인지는 글쓴이가 임의로 판단해서 정할 수 있다.

(26) 그의 말은 사실이었다. 곧,/곧 오해는 나의 실수였던 것이다.
(27) 민지는 성호에게 이별을 선언했다. 즉,/즉 성호는 민지에게 실연을 당한 것이다.
(28) 다시 말해,/다시 말해 선입견은 틀릴 때가 더 많다는 것이 내 경험이다.
(29) 이를테면,/이를테면 어린아이로서는 그런 어려운 과제를 감당할 수가 없다는 것이다.

한 문장 안에서나 문장 첫머리에서 앞말의 내용을 전환하거나 앞말과 반대되는 내용을 기술할 때 사용하는 어구인 '반면(에)', '한편' 등의 뒤에 쉼표를 쓸 것인지, 쓰지 않을 것인지도 글쓴이가 임의로 판단해서 정할 수 있다.

(30) 건강에 좋은 음식이 있는 반면,/반면 안 좋은 음식도 있다.
(31) 아군의 실종자는 20여 명이었다. 한편,/한편 아군이 생포한 적의 포로는 무려 700여 명에 이르렀다.

(9) 문장 앞부분에서 조사 없이 쓰인 제시어나 주제어의 뒤에 쓴다.

예 돈. 돈이 인생의 전부이더냐?

예 열정. 이것이야말로 젊은이의 가장 소중한 자산이다.
예 지금 네가 여기 있다는 것, 그것만으로도 나는 충분히 행복해.
예 저 친구, 저러다가 큰일 한번 내겠어.
예 그 사실, 넌 알고 있었지?

해설

문장 앞부분에서 조사 없이 쓰인 제시어나 주제어는 독립 성분과 같은 성격을 가진 말로서 그 뒤에 잠시 휴지를 두는 것이 일반적이다. 이런 특성을 고려하여 제시어나 주제어의 뒤에는 쉼표를 쓴다.

(32) 가족, 나에게 가족보다 더 소중한 것은 없습니다.
(33) 금연, 건강의 시작입니다.

(10) 한 문장에 같은 의미의 어구가 반복될 때 앞에 오는 어구 다음에 쓴다.

예 그의 애국심, 몸을 사리지 않고 국가를 위해 헌신한 정신을 우리는 본받아야 한다.

해설

한 문장에 같은 의미의 어구가 반복될 때 앞에 오는 어구 다음에는 쉼표를 쓴다. 여기서 쉼표가 하는 역할은 앞말의 의미를 보충적으로 제시해 주는 뒷말을 앞말과 명확하게 구분하고, 잠시 쉬었다가 읽을 것을 요구하는 것이다. 따라서 이 조항은 앞말을 다시 설명하는 '곧, 다시 말해' 앞에 쉼표를 쓰는 것과 같은 맥락으로 이해하면 된다.

(34) 거북선, 우리 민족이 만든 세계 최초의 이 철갑선은 임진왜란 때 왜군을 무찌르는 데에 큰 역할을 했다.
(35) 순애, 내 가장 친한 친구는 오늘 몸이 아파 결석을 했다.
(36) 내 가장 친한 친구 순애는 오늘 몸이 아파 결석을 했다.

(34)의 '거북선'과 (35)의 '순애' 뒤에는 쉼표를 썼으나 (36)의 '내 가장 친한 친구' 뒤에는 쉼표를 쓰지 않았다. 같은 의미의 어구가 반복된다는 점에서는 같지만 두 부류 사이에는 차이가 있다. (36)에서 '내 가장 친한 친구 순애'는 굳이 쉼을 두어 읽을 만한 자리가 아닐뿐더러, '내 가장 친한 친구인 순애'와 같이 써도 자연스럽게 읽히는 것으로 보아 단순한 수식–피수식 관계로 해석할 수 있다. 따라서 이때는 쉼표를 쓰지 않는 것이 자연스럽다.

(11) 도치문에서 도치된 어구들 사이에 쓴다.

예 이리 오세요, 어머님.
예 다시 보자, 한강수야.

해설

도치문에서 도치된 어구를 특별히 구분하여 드러내고자 할 때 쉼표를 쓴다. 특히 (38), (39)처럼 서술어가 다른 문장 성분의 앞에 나올 때는 쉼표를 쓰는 것이 자연스럽다.

(37) 아침밥을, 아들이 차리고 있었다.
(38) 비가 세차게 내렸다, 오전에도.
(39) 반드시 완수하겠습니다, 제게 주어진 임무를.

(12) 바로 다음 말과 직접적인 관계에 있지 않음을 나타낼 때 쓴다.

예 갑돌이는, 울면서 떠나는 갑순이를 배웅했다.
예 철원과, 대관령을 중심으로 한 강원도 산간 지대에 예년보다 일찍 첫눈이 내렸습니다.

해설

어떤 어구가 바로 다음 말과 직접적인 관계에 있지 않음을 나타낼 때 쉼표를 쓴다. 앞에 나오는 말은 바로 다음에 이어지는 말과 '주술 관계', '수식 관계' 또는 '접속 관계' 등에 놓이는 것이 일반적이다. 그런데 때로는 바로 다음에 이어지는 말과 직접 관계를 맺지 않는 경우가 있다. 이때 쉼표를 쓰지 않으면 바로 다음에 이어지는 말과 직접 관계를 맺는 것으로 잘못 해석될 수 있으므로, 이를 방지하기 위하여 쉼표를 쓴다.

본문의 첫째 예는 쉼표를 사용함으로써 '우는 사람'이 갑순이라는 것을 알 수 있다. 만약 쉼표를 쓰지 않으면 '우는 사람'은 갑돌이가 된다. 본문의 둘째 예도 쉼표를 사용함으로써 '철원'과 접속 관계에 있는 어구가 '강원도 산간 지대'라는 것을 알 수 있다. 만약 쉼표를 쓰지 않으면 '철원'과 접속 관계에 있는 어구는 '대관령'이 된다.

(13) 문장 중간에 끼어든 어구의 앞뒤에 쓴다.

예 나는, 솔직히 말하면, 그 말이 별로 탐탁지 않아.
예 영호는 미소를 띠고, 속으로는 화가 치밀어 올라 잠시라도 견딜 수 없을 만큼 괴로웠지만, 그들을 맞았다.

[붙임 1] 이때는 쉼표 대신 줄표를 쓸 수 있다.

예 나는 ― 솔직히 말하면 ― 그 말이 별로 탐탁지 않아.
예 영호는 미소를 띠고 ― 속으로는 화가 치밀어 올라 잠시라도 견딜 수 없을 만큼 괴로웠지만 ― 그들을 맞았다.

[붙임 2] 끼어든 어구 안에 다른 쉼표가 들어 있을 때는 쉼표 대신 줄표를 쓴다.

예 이건 내 것이니까 ― 아니, 내가 처음 발견한 것이니까 ― 절대로 양보할 수 없다.

해설

강조나 부가 설명 또는 예를 들기 위하여 중간에 어구를 삽입하는 경우가 있다. 이런 어구를 문장 안의 다른 어구들과 구분하기 위하여 해당 어구의 앞뒤에 쉼표를 쓰며, 쉼표 대신 줄표를 쓸 수 있다.

(40) 치열한 접전 끝에 우리 팀은, 다시 생각하기도 싫지만, 결국 지고 말았다.
(41) 치열한 접전 끝에 우리 팀은 ― 다시 생각하기도 싫지만 ― 결국 지고 말았다.

삽입한 어구 안에 쉼표가 있을 때에는 삽입한 어구의 앞뒤에는 쉼표를 쓰지 않고 줄표를 써야 한다. 서로 다른 기능을 하는 쉼표가 한 문장 안에 쓰이게 되면 해석상 혼동이 생길 수 있기 때문이다.

(42) 치열한 접전 끝에 우리 팀은 ― 다시 생각하기도 싫고, 말을 꺼내기도 싫지만 ― 결국 지고 말았다. (○)

(43) 치열한 접전 끝에 우리 팀은, 다시 생각하기도 싫고, 말을 꺼내기도 싫지만, 결국 지고 말았다. (×)

(14) 특별한 효과를 위해 끊어 읽는 곳을 나타낼 때 쓴다.

예 내가, 정말 그 일을 오늘 안에 해낼 수 있을까?
예 이 전투는 바로 우리가, 우리만이, 승리로 이끌 수 있다.

해설

일반적으로는 끊어 읽지 않아도 되고 따라서 쉼표를 쓰지 않아도 되는 어구이지만, 끊어 읽음으로써 해당 어구를 두드러지게 하려는 의도로 특정 어구의 뒤에 쉼표를 쓸 수 있다.

(44) 발 가는 대로, 그는 어느 틈엔가 안전지대에 가서, 자기의 두 손을 내려다보았다.
(45) 구보는, 자기는, 대체, 얼마를 가져야 행복할 수 있을까 생각해 본다.

(15) 짧게 더듬는 말을 표시할 때 쓴다.

예 선생님, 부, 부정행위라니요? 그런 건 새, 생각조차 하지 않았습니다.

해설

짧게 더듬는 말임을 나타낼 때 그 더듬는 요소 사이에 쉼표를 쓴다.

(46) 내가 그, 그럴 리가 없잖아.
(47) 제가 정말 하, 합격이라고요?

[붙임] '쉼표' 대신 '반점'이라는 용어를 쓸 수 있다.

해설

종전 규정에서 '쉼표'는 문장 중간에 쓰이는 반점, 가운뎃점, 쌍점, 빗금 등을 아울러 이르는 말이었지만, 실제 언어생활에서는 '반점'이라는 용어는 잘 쓰이지 않고 '쉼표'가 부호 ','를 가리키는 말로 널리 쓰여 왔다. 이와 같은 언어 현실과 규범상의 괴리 때문에 교육 현장 등에서는 적잖은 혼란이 있었다. 그래서 이번 개정안에서는 부호 ','를 가리키는 기본적인 용어로서 '쉼표'를 인정하여 언어 현실에 부합하도록 하였다. 그리고 '반점'이라는 용어도 그대로 쓸 수 있도록 함으로써 용어 교체로 말미암아 둘 중 어느 것이 맞고 틀리느냐의 문제는 생기지 않도록 하였다.

한편, 종전 규정에는 '100,000원'과 같이 수의 자릿점을 나타낼 때 쉼표를 쓸 수 있다는 규정이 있었다. 그런데 이 용법은 개정안에서 정의한 문장 부호, 즉 문장의 구조를 드러내거나 글쓴이의 의도를 전달하기 위해 사용하는 부호가 아니라서 제외하였다. 그러나 이는 쉼표의 이런 용법이 문장 부호에 해당하지 않아서 규정에서 다루지 않는다는 것이지, 수의 자릿점을 나타내는 부호로 쉼표를 활용하는 것을 막는 것은 아니다.

지금까지 살펴보았듯이 쉼표는 어구 연결, 절 접속, 휴지 등 다양한 기능을 하는 부호이다. 그러다 보니 한 문장 안에서 서로 다른 기능을 하는 쉼표가 연이어 쓰일 수 있는 경우가 많다. 그렇다고 쉼표를 일일이 쓰게 되면 오히려 글을 읽는 데 방해가 되기도 한다. 쉼표는 그 속성상 대부분은 반드시 써야 하는 부호는 아니다. 글을 쓰는 사람이 판단해서 필요하다고 생각될 때 쓰면 되는 것이다. 따라서 쉼표를 쓰는 것이 오히려 글을 이해하는 데 방해가 되거나 불편을 준다고 판단될 때에는 적절하게 조절하여 쓰면 된다.

쉼표의 띄어쓰기: 쉼표는 앞말에 붙여 쓴다.

기타 문장 부호

한글 맞춤법 부록 13~16, 19

부록13 겹낫표(『 』)와 겹화살괄호(≪ ≫)

책의 제목이나 신문 이름 등을 나타낼 때 쓴다.

예 우리나라 최초의 민간 신문은 1896년에 창간된 『독립신문』이다.
예 『훈민정음』은 1997년에 유네스코 세계 기록 유산으로 지정되었다.
예 ≪한성순보≫는 우리나라 최초의 근대 신문이다.
예 윤동주의 유고 시집인 ≪하늘과 바람과 별과 시≫에는 31편의 시가 실려 있다.

[붙임] 겹낫표나 겹화살괄호 대신 큰따옴표를 쓸 수 있다.

예 우리나라 최초의 민간 신문은 1896년에 창간된 "독립신문"이다.
예 윤동주의 유고 시집인 "하늘과 바람과 별과 시"에는 31편의 시가 실려 있다.

해설

문장 안에서 책의 제목이나 신문 이름 등을 나타낼 때는 그 앞뒤에 겹낫표나 겹화살괄호를 쓰는 것이 원칙이고 큰따옴표를 쓰는 것도 허용된다.

(1) 박경리의 『토지』는 전 5부 16권에 이르는 대하소설이다.
(2) 1906년에 창간된 ≪만세보≫는 1년 후에 ≪대한신문≫으로 이름

을 바꾸었다.
(3) 남궁억은 "황성신문"의 사장을 지낸 인물이다.

책의 제목이나 신문 이름만 쓸 때는 이들 부호를 쓰지 않아도 된다.

(4) 고전 소설: 구운몽, 홍길동전, 춘향전, 박씨부인전 등

겹낫표, 겹화살괄호의 띄어쓰기: 여는 겹낫표와 여는 겹화살괄호는 뒷말에 붙여 쓰고, 닫는 겹낫표와 닫는 겹화살괄호는 앞말에 붙여 쓴다.

부록 14 홑낫표(「」)와 홑화살괄호(〈 〉)

소제목, 그림이나 노래와 같은 예술 작품의 제목, 상호, 법률, 규정 등을 나타낼 때 쓴다.

예 「국어 기본법 시행령」은 「국어 기본법」에서 위임된 사항과 그 시행에 필요한 사항을 규정함을 목적으로 한다.
예 이 곡은 베르디가 작곡한 「축배의 노래」이다.
예 사무실 밖에 「해와 달」이라고 쓴 간판을 달았다.
예 〈한강〉은 사진집 《아름다운 땅》에 실린 작품이다.
예 백남준은 2005년에 〈엄마〉라는 작품을 선보였다.

[붙임] 홑낫표나 홑화살괄호 대신 작은따옴표를 쓸 수 있다.

예 사무실 밖에 '해와 달'이라고 쓴 간판을 달았다.
예 '한강'은 사진집 "아름다운 땅"에 실린 작품이다.

해설

소제목, 그림이나 노래와 같은 예술 작품의 제목, 상호, 법률, 규정 등을 나타낼 때는 그 앞뒤에 홑낫표나 홑화살괄호를 쓰는 것이 원칙이고 작은따옴표를 쓰는 것도 허용된다.

(1) 나는 「고향으로 가는 길」이라는 제목으로 수필을 써서 선생님께 제출했다.
(2) 현행 〈국어의 로마자 표기법〉은 2000년에 고시된 것이다.
(3) 추사 김정희의 '세한도'는 절세의 명작이다.

한편, 간혹 홑낫표(또는 홑화살괄호나 작은따옴표)와 겹낫표(또는 겹화살괄호나 큰따옴표) 중에서 어느 것을 써야 할지 구분하기가 어려울 때가 있는데, 이때는 홑낫표(또는 홑화살괄호나 작은따옴표)를 우선 선택하면 된다.

홑낫표, 홑화살괄호의 띄어쓰기: 여는 홑낫표와 여는 홑화살괄호는 뒷말에 붙여 쓰고, 닫는 홑낫표와 닫는 홑화살괄호는 앞말에 붙여 쓴다.

부록 15 줄표(—)

제목 다음에 표시하는 부제의 앞뒤에 쓴다.

예 이번 토론회의 제목은 '역사 바로잡기 — 근대의 설정 —'이다.
예 '환경 보호 — 숲 가꾸기 —'라는 제목으로 글짓기를 했다.

다만, 뒤에 오는 줄표는 생략할 수 있다.

예 이번 토론회의 제목은 '역사 바로잡기 ― 근대의 설정'이다.
예 '환경 보호 ― 숲 가꾸기'라는 제목으로 글짓기를 했다.

해설

제목 다음에 표시하는 부제의 앞뒤에는 줄표를 쓴다. 단, 뒤에 오는 줄표는 생략할 수 있다. 줄표와 붙임표는 길이로 구분한다. 줄표가 붙임표보다 상대적으로 길다.

(1) 올해의 권장 도서는 톨스토이의 『인생이란 무엇인가 ― 삶의 길 ―』이다.
(2) 김 교수는 '풍성한 언어생활 ― 표준어와 방언'이라는 주제로 특강을 할 예정이다.

[붙임] 줄표의 앞뒤는 띄어 쓰는 것을 원칙으로 하되, 붙여 쓰는 것을 허용한다.

해설

줄표의 띄어쓰기: 줄표는 앞뒤를 띄어 쓰는 것이 원칙이다. 그런데 이렇게 쓰게 되면 공백이 너무 넓어 보여서 문서 편집이나 디자인 등에 어려움이 있을 수 있다는 점을 고려하여 앞뒤를 붙여 쓰는 것을 허용하였다.

(3) 이번 토론회의 제목은 '역사 바로잡기―근대의 설정―'이다.

부록 16 붙임표(–)

(1) 차례대로 이어지는 내용을 하나로 묶어 열거할 때 각 어구 사이에 쓴다.

예 멀리뛰기는 도움닫기–도약–공중 자세–착지의 순서로 이루어진다.
예 김 과장은 기획–실무–홍보까지 직접 발로 뛰었다.

해설

차례대로 이어지는 내용을 하나로 묶어 열거할 때 각 어구 사이에는 붙임표를 쓴다.

(1) 우리말 어순은 주어–목적어–서술어가 기본이고 영어 어순은 주어–서술어–목적어가 기본이다.
(2) 이 논문은 서론–본론–결론을 통일성 있게 잘 쓴 글이다.

단순히 열거만 하고자 할 때는 붙임표 대신 쉼표를 쓸 수도 있다.

(3) 이 논문은 서론, 본론, 결론을 통일성 있게 잘 쓴 글이다.

(2) 두 개 이상의 어구가 밀접한 관련이 있음을 나타내고자 할 때 쓴다.

예 드디어 서울–북경의 항로가 열렸다.
예 원–달러 환율
예 남한–북한–일본 삼자 관계

해설

두 개 이상의 어구가 밀접한 관련이 있음을 나타내고자 할 때는 붙임표를 쓴다. 경우에 따라서는 붙임표 대신 쉼표나 가운뎃점을 활용할 수도 있다.

예를 들어, 본문의 예 '남한—북한—일본 삼자 관계'에서 '남한'과 '북한'과 '일본'을 단순하게 나열하고자 할 때는 '남한, 북한, 일본 삼자 관계'처럼 쉼표를 쓸 수 있고, 짝을 이루는 어구로 보아 묶어서 표현하고자 한다면 '남한·북한·일본 삼자 관계'처럼 가운뎃점을 쓸 수도 있다.

한편, 종전 규정에는 '돌—다리'와 같이 합성어임을 나타내거나 '—스럽다, —습니다'와 같이 접사나 어미임을 나타낼 때, '핑크—빛, 제트—기'와 같이 외래어와 고유어 또는 한자어가 결합한 말임을 나타낼 때 붙임표를 쓸 수 있다는 규정이 있었다. 그런데 이 용법은 언어학 분야의 특수한 용법인 것으로 보아 이번 개정안에서는 제외하였다. 그러나 이는 붙임표의 이런 용법이 문장 부호에 해당하지 않아서 규정에서 다루지 않는다는 것이지, 단어의 구성 요소를 구별하는 부호로 붙임표를 활용하는 것을 막는 것은 아니다.

붙임표의 띄어쓰기: 붙임표는 앞말과 뒷말에 붙여 쓴다.

부록 19 숨김표(○, ×)

해설

'○'는 동그라미표, '×'는 가새표 또는 가위표라고 한다.

(1) 금기어나 공공연히 쓰기 어려운 비속어임을 나타낼 때, 그 글자의 수효만큼 쓴다.

예 배운 사람 입에서 어찌 ㅇㅇㅇ란 말이 나올 수 있느냐?
예 그 말을 듣는 순간 ×××란 말이 목구멍까지 치밀었다.

해설

금기어나 공공연히 쓰기 어려운 비속어임을 나타낼 때는 숨김표를 그 글자의 수효만큼 쓴다. 예를 들어, 세 글자로 된 비속어임을 나타낼 때는 숨김표를 세 개 쓴다.

(1) 사람들은 평생 동안 얼마큼이나 ㅇ을 쌀까?
(2) 그는 평생 남에게 욕은커녕 '미련한 ××' 따위의 말조차 뱉은 적이 없다.

(2) 비밀을 유지해야 하거나 밝힐 수 없는 사항임을 나타낼 때 쓴다.

예 1차 시험 합격자는 김ㅇ영, 이ㅇ준, 박ㅇ순 등 모두 3명이다.
예 육군 ㅇㅇ 부대 ㅇㅇㅇ 명이 작전에 참가하였다.
예 그 모임의 참석자는 김×× 씨, 정×× 씨 등 5명이었다.

해설

비밀을 유지해야 하거나 밝힐 수 없는 사항임을 나타낼 때는 숨김표를 쓴다. 종전 규정에서는 이때도 그 글자의 수효만큼 숨김표를 쓰도록 하였다. 그런데 밝혀서는 안 되는 사항이라면서 글자 수에 대한 정보를 제공해야 한다는 것은 모순이다. 그래서 개정안에서는 비밀이나 밝힐 수 없는 사항임을 나타내는 경우에는 그 글자의 수효만큼 숨김표를 써야 한다는 내용을 명시하지 않았다. 따라서, 본문의 예 "그 모임의 참석자는 김×× 씨, 정×× 씨 등 5명이었다."에서 '김×× 씨'의 이름은 한 글자일 수도 있고 두 글자 또는 그 이상일 수도 있는 것이다.

⑶ 양구에 있는 ○○ 사단 병력 ○○○ 명을 파견했다.
⑷ 담당 판사는 최×× 군에게 집행 유예를 선고하였다.

숨김표의 띄어쓰기: 숨김표는 문장의 어느 곳에나 쓸 수 있으므로 띄어쓰기가 일정하지 않다.

부록

사전
검색하기

—

외래어
표기법

사전 검색하기

거듭 반복하여 이야기하는 사전은 국립국어원 표준국어대사전(stdict.korean.go.kr)을 이야기하는 것으로, 네이버와 다음 등의 포털 사이트에서도 따로 사전 기능을 제공하나, 이것 또한 표준국어대사전의 데이터를 활용한 것이므로 표준국어대사전이 가장 빠르고 정확한 표준어를 검색할 수 있습니다.

일단 사전을 검색할 때에 가장 중요한 것은 무조건 기본형으로 검색하여야 한다는 것입니다. 설령 '걷고 있었다'라는 문장에서 '걷고'에 해당하는 단어를 검색하고자 할 때, 그 기본형인 '걷다'를 검색해야 한다는 것이죠. 혹 '걷고'의 기본형이 생각나지 않는다면, '걷'이 어간이라는 건 쉽게 눈치챌 수 있으니, '-걷' 또는 '걷-'으로 검색하면 '걷'이라는 글자가 포함된 모든 검색어를 찾아줍니다. 사전에는 명사나 동사 같은 것 외에도 어미, 접사 등 모든 용어의 검색이 가능합니다. 어미 '-ㄴ데'처럼 받침도 함께 표기되어 있는 경우에도 물론 가능하고요. 어미나 접사를 검색할 때, 사전에는 '-ㄴ데' 형식으로 등재되어 있지만, 구태여 붙임표(-)까지 입력하지 않아도 검색이 됩니다.

사전에서 크게 주의해야 할 점은 사전에는 표준어뿐만 아니라, 비표준어까지도 실려 있다는 것인데요. 자칫 뜻을 정확히 보지 않고, 검색 결과가 나왔다는 것으로만 등재 여부를 판단한다면 큰일이 생길 수도 있겠네요. 예를 들어 '마냥'을 검색했을 때, 뜻풀이가 '→ 처럼.'으로 되어 있습니다. '→'로 표기되어 있는 것은 비표준어를 뜻하며 '마냥'의 표준어가 '처럼'임을 알려주는 것입니다. 그 외에 원어 정보나 발음 정보, 활용, 문형 정보 등 꽤 많은 정보가 함께 나와 있으니, 애매했던 단어들을 검색하다 보면 쉬이 많은 단어의 여러 정보들을 체득할 수 있습니다.

방금 설명했던 '→' 같은 꼭 알아야 할 사전에 쓰인 기호 및 약어를 몇 가지 소개하겠습니다. 소개하는 것 외에 여러 가지가 있지만, 꼭 필요한 기호만을 추렸습니다.

'큰—아버지'나 '첫—눈'에서 중간에 붙은 붙임표는 복합어의 최종 분석 단위를 표시한다고 했던 말 기억하시나요? 앞에서 언급했듯 '첫'과 '눈'이 합쳐진 단어라는 것을 표시해 주는 것이니, 붙임표가 붙어 있다면 복합어라고 이해하시면 됩니다.

띄어 쓰는 것이 원칙이나 붙여 쓸 수 있는 전문 용어나 고유 명사도 따로 표기하고 있는데요. '성격^묘사'에서 가운데 '^' 표기가 이것입니다. '성격 묘사' 또는 '성격묘사' 둘 중 아무렇게나 사용할 수 있다는 거죠. '장 발장'처럼 우리가 자주 붙여 쓰지만 띄어 쓰는 것이 원칙인 아이들도 등재되어 있습니다. 그렇게 많은 단어가 등재되어 있는 것은 아니니, 참고만 하세요. 그 외에 동의어는 '='나 '≒'로 표기한다는 것 정도만 알고 있으면 될 것 같아요.

정말 딱 필수로 필요한 것만 알아봤는데도 꽤 복잡하게 느껴지네요. 더 많은 사전의 활용 정보나 표시 방식 등이 궁금하다면, 표준국어대사전(stdict.korean.go.kr)에서 '일러두기'를 읽어보세요. 훨씬 많은 정보가 여러분을 기다리고 있을 겁니다!

외래어 표기법

제1장 표기의 기본 원칙

제1항 외래어는 국어의 현용 24 자모만으로 적는다.

제2항 외래어의 1 음운은 원칙적으로 1 기호로 적는다.

제3항 받침에는 'ㄱ, ㄴ, ㄹ, ㅁ, ㅂ, ㅅ, ㅇ'만을 쓴다.

제4항 파열음 표기에는 된소리를 쓰지 않는 것을 원칙으로 한다.

제5항 이미 굳어진 외래어는 관용을 존중하되, 그 범위와 용례는 따로 정한다.

제2장 표기 일람표

외래어는 표 1~19에 따라 표기한다.

표 1 국제 음성 기호와 한글 대조표

자음			반모음		모음	
국제 음성 기호	한글		국제 음성 기호	한글	국제 음성 기호	한글
	모음 앞	자음 앞 또는 어말				
p	ㅍ	ㅂ, ㅍ	j	이*	i	이
b	ㅂ	ㅂ	ɥ	위	y	위
t	ㅌ	ㅅ, ㅌ	w	오, 우*	e	에
d	ㄷ	ㄷ			ø	외

k	ㅋ	ㄱ, 크		ɛ	에
g	ㄱ	그		ɛ̃	앵
f	ㅍ	프		œ	외
v	ㅂ	브		œ̃	욍
θ	ㅅ	스		æ	애
ð	ㄷ	드		a	아
s	ㅅ	스		ɑ	아
z	ㅈ	즈		ã	앙
ʃ	시	슈, 시		ʌ	어
ʒ	ㅈ	지		ɔ	오
ts	ㅊ	츠		ɔ̃	옹
dz	ㅈ	즈		o	오
tʃ	ㅊ	치		u	우
dʒ	ㅈ	지		ə**	어
m	ㅁ	ㅁ		ɚ	어
n	ㄴ	ㄴ			
ɲ	니*	뉴			
ŋ	ㅇ	ㅇ			
l	ㄹ, ㄹㄹ	ㄹ			
r	ㄹ	르			
h	ㅎ	흐			
ç	ㅎ	히			
x	ㅎ	흐			

* [j], [w]의 '이'와 '오, 우', 그리고 [ɲ]의 '니'는 모음과 결합할 때 제3장 표기 세칙에 따른다.

** 독일어의 경우에는 '에', 프랑스어의 경우에는 '으'로 적는다.

표 2 에스파냐어 자모와 한글 대조표

자모	한글		보기
	모음 앞	자음 앞·어말	
자음			
b	ㅂ	브	biz 비스, blandon 블란돈, braceo 브라세오
c	ㅋ, ㅅ	ㄱ, ㅋ	colcren 콜크렌, Cecilia 세실리아, coccion 콕시온, bistec 비스텍, dictado 딕타도
ch	ㅊ	–	chicharra 치차라
d	ㄷ	드	felicidad 펠리시다드
f	ㅍ	프	fuga 푸가, fran 프란
g	ㄱ, ㅎ	그	ganga 강가, geologia 헤올로히아, yungla 융글라
h	–	–	hipo 이포, quehacer 케아세르
j	ㅎ	–	jueves 후에베스, reloj 렐로
k	ㅋ	크	kapok 카포크
l	ㄹ, ㄹㄹ	ㄹ	lacrar 라크라르, Lulio 룰리오, ocal 오칼
ll	이*	–	llama 야마, lluvia 유비아
m	ㅁ	ㅁ	membrete 멤브레테
n	ㄴ	ㄴ	noche 노체, flan 플란
ñ	니*	–	ñoñez 뇨녜스, mañana 마냐나
p	ㅍ	ㅂ, 프	pepsina 펩시나, plantón 플란톤
q	ㅋ	–	quisquilla 키스키야
r	ㄹ	르	rascador 라스카도르

216

자음	s	ㅅ	스	sastreria 사스트레리아
	t	ㅌ	트	tetraetro 테트라에트로
	v	ㅂ	–	viudedad 비우데다드
	x	ㅅ, ㄱㅅ	ㄱㅅ	xenón 세논, laxante 락산테, yuxta 육스타
	z	ㅅ	스	zagal 사갈, liquidez 리키데스
반모음	w	오·우*	–	walkirias 왈키리아스
	y	이*	–	yungla 융글라
모음	a	아		braceo 브라세오
	e	에		reloj 렐로
	i	이		Lulio 룰리오
	o	오		ocal 오칼
	u	우		viudedad 비우데다드

* ll, y, ñ, w 의 '이, 니, 오, 우'는 다른 모음과 결합할 때 합쳐서 1 음절로 적는다.

표 3 이탈리아어 자모와 한글 대조표

	자모	한글		보기
		모음 앞	자음 앞·어말	
자음	b	ㅂ	브	Bologna 볼로냐, bravo 브라보
	c	ㅋ, ㅊ	ㅋ	Como 코모, Sicilia 시칠리아, Boccaccio 보카치오, credo 크레도
	ch	ㅋ	—	Pinocchio 피노키오, cherubino 케루비노
	d	ㄷ	드	Dante 단테, drizza 드리차
	f	ㅍ	프	Firenze 피렌체, freddo 프레도
	g	ㄱ, ㅈ	그	Galileo 갈릴레오, Genova 제노바, gloria 글로리아
	h	—	—	hanno 안노, oh 오
	l	ㄹ, ㄹㄹ	ㄹ	Milano 밀라노, largo 라르고, palco 팔코
	m	ㅁ	ㅁ	Macchiavelli 마키아벨리, mamma 맘마, Campanella 캄파넬라
	n	ㄴ	ㄴ	Nero 네로, Anna 안나, divertimento 디베르티멘토
	p	ㅍ	프	Pisa 피사, prima 프리마
	q	ㅋ	—	quando 콴도, queto 퀘토
	r	ㄹ	르	Roma 로마, Marconi 마르코니
	s	ㅅ	스	Sorrento 소렌토, asma 아스마, sasso 사소
	t	ㅌ	트	Torino 토리노, tranne 트란네
	v	ㅂ	브	Vivace 비바체, manovra 마노브라

자음	z	ㅊ	—	nozze 노체, mancanza 만칸차
모음	a		아	abituro 아비투로, capra 카프라
	e		에	erta 에르타, padrone 파드로네
	i		이	infamia 인파미아, manica 마니카
	o		오	oblio 오블리오, poetica 포에티카
	u		우	uva 우바, spuma 스푸마

표 4 일본어 자모와 한글 대조표

가나	한글	
	어두	어중·어말
ア イ ウ エ オ	아 이 우 에 오	아 이 우 에 오
カ キ ク ケ コ	가 기 구 게 고	카 키 쿠 케 코
サ シ ス セ ソ	사 시 스 세 소	사 시 스 세 소
タ チ ツ テ ト	다 지 쓰 데 도	타 치 쓰 테 토
ナ ニ ヌ ネ ノ	나 니 누 네 노	나 니 누 네 노
ハ ヒ フ ヘ ホ	하 히 후 헤 호	하 히 후 헤 호
マ ミ ム メ モ	마 미 무 메 모	마 미 무 메 모
ヤ イ ユ エ ヨ	야 이 유 에 요	야 이 유 에 요
ラ リ ル レ ロ	라 리 루 레 로	라 리 루 레 로
ワ(ヰ) ウ(ヱ) ヲ	와(이) 우(에) 오	와(이) 우(에) 오
ン		ㄴ
ガ ギ グ ゲ ゴ	가 기 구 게 고	가 기 구 게 고
ザ ジ ズ ゼ ゾ	자 지 즈 제 조	자 지 즈 제 조
ダ ヂ ヅ デ ド	다 지 즈 데 도	다 지 즈 데 도
バ ビ ブ ベ ボ	바 비 부 베 보	바 비 부 베 보
パ ピ プ ペ ポ	파 피 푸 페 포	파 피 푸 페 포
キャ キュ キョ	갸 규 교	캬 큐 쿄
ギャ ギュ ギョ	갸 규 교	갸 규 교
シャ シュ ショ	샤 슈 쇼	샤 슈 쇼
ジャ ジュ ジョ	자 주 조	자 주 조
チャ チュ チョ	자 주 조	차 추 초

ニャ ニュ ニョ	냐 뉴 뇨	냐 뉴 뇨
ヒャ ヒュ ヒョ	하 휴 효	하 휴 효
ビャ ビュ ビョ	뱌 뷰 뵤	뱌 뷰 뵤
ピャ ピュ ピョ	퍄 퓨 표	퍄 퓨 표
ミャ ミュ ミョ	먀 뮤 묘	먀 뮤 묘
リャ リュ リョ	랴 류 료	랴 류 료

표 5 중국어의 발음 부호와 한글 대조표

성모(聲母)							
음의 분류	한어병음자모	주음부호	한글	음의 분류	한어병음자모	주음부호	한글
중순성 重脣聲	b	ㄅ	ㅂ	설면성 舌面聲	j	ㄐ	ㅈ
	p	ㄆ	ㅍ		q	ㄑ	ㅊ
	m	ㄇ	ㅁ		x	ㄒ	ㅅ
순치성	f	ㄈ	ㅍ	교설첨성 翹舌尖聲	zh [zhi]	ㄓ	ㅈ [즈]
복운 複韻	d	ㄉ	ㄷ		ch [chi]	ㄔ	ㅊ [츠]
	t	ㄊ	ㅌ		sh [shi]	ㄕ	ㅅ [스]
	n	ㄋ	ㄴ		r [ri]	ㄖ	ㄹ [르]
	l	ㄌ	ㄹ	설치성 舌齒聲	z [zi]	ㄗ	ㅉ [쯔]
설근성 舌根聲	g	ㄍ	ㄱ		c [ci]	ㄘ	ㅊ [츠]
	k	ㄎ	ㅋ		s [si]	ㄙ	ㅆ [쓰]
	h	ㄏ	ㅎ				

운모(韻母)								
음의 분류	한어병음자모	주음부호	한글	음의 분류		한어병음자모	주음부호	한글
단운 單韻	a	ㄚ	아	결합운모	제치류 齊齒類	yai	ㄧㄞ	야이
	o	ㄛ	오			yao(iao)	ㄧㄠ	야오
	e	ㄜ	어			you (iou, iu)	ㄧㄡ	유
	ê	ㄝ	에			yan(ian)	ㄧㄢ	옌

		yi(i)	ー	이	제치류 齊齒類	yin (in)	ーㄣ	인
		wu(u)	ㄨ	우		yang (iang)	ーㄤ	양
		yu(u)	ㄩ	위		ying (ing)	ーㄥ	잉
결합운모 結合韻母	복운 複韻	ai	ㄞ	아이	합구류 合口類	wa (ua)	ㄨㄚ	와
		ei	ㄟ	에이		wo (uo)	ㄨㄛ	워
		ao	ㄠ	아오		wai (uai)	ㄨㄞ	와이
		ou	ㄡ	어우		wei (ui)	ㄨㄟ	웨이 (우이)
	부성운 附聲韻	an	ㄢ	안		wan (uan)	ㄨㄢ	완
		en	ㄣ	언		wen (un)	ㄨㄣ	원(운)
		ang	ㄤ	앙		wang (uang)	ㄨㄤ	왕
		eng	ㄥ	엉		weng (ong)	ㄨㄥ	웡(웅)
권설운*		er(r)	ㄦ	얼	촬구류 撮口類	yue (ue)	ㄩㄝ	웨
결합운모	제치류 齊齒類	ya(ia)	ーㄚ	야		yuan (uan)	ㄩㄢ	위안
		yo	ーㄡ	요		yun (un)	ㄩㄣ	윈
		ye	ーㄝ	예		yong (iong)	ㄩㄥ	융

[ ]는 단독 발음될 경우의 표기임. ( )는 자음이 선행할 경우의 표기임.

* 순치성(脣齒聲), 권설운(捲舌韻)

표 6 폴란드어 자모와 한글 대조표

자모		한글	보기
		모음 앞	자음 앞·어말	
자음	b	ㅂ	ㅂ, 브, 프	burak 부라크, szybko 십코, dobrze 도브제, chleb 흘레프
	c	ㅊ	츠	cel 첼, Balicki 발리츠키, noc 노츠
	ć	-	치	dać 다치
	d	ㄷ	드, 트	dach 다흐, zdrowy 즈드로비, słodki 스워트키, pod 포트
	f	ㅍ	프	fasola 파솔라, befsztyk 베프슈티크
	g	ㄱ	ㄱ, 그, 크	góra 구라, grad 그라트, targ 타르크
	h	ㅎ	흐	herbata 헤르바타, Hrubieszów 흐루비에슈프
	k	ㅋ	ㄱ, 크	kino 키노, daktyl 닥틸, król 크룰, bank 반크
	l	ㄹ, ㄹㄹ	ㄹ	lis 리스, kolano 콜라노, motyl 모틸
	m	ㅁ	ㅁ, 므	most 모스트, zimno 짐노, sam 삼
	n	ㄴ	ㄴ	nerka 네르카, dokument 도쿠멘트, dywan 디반
	ń	-	ㄴ	Gdańsk 그단스크, Poznań 포즈난
	p	ㅍ	ㅂ, 프	para 파라, Słupsk 스웁스크, chłop 흐워프

자음	r	ㄹ	르	rower 로베르, garnek 가르네크, sznur 슈누르
	s	ㅅ	스	serce 세르체, srebro 스레브로, pas 파스
	ś	–	시	ślepy 실레피, dziś 지시
	t	ㅌ	트	tam 탐, matka 마트카, but 부트
	w	ㅂ	브, 프	Warszawa 바르샤바, piwnica 피브니차, krew 크레프
	z	ㅈ	즈, 스	zamek 자메크, zbrodnia 즈브로드니아, wywóz 비부스
	ź	–	지, 시	gwoździk 그보지지크, więź 비엥시
	ż	ㅈ, 시*	주, 슈, 시	żyto 지토, różny 루주니, łyżka 위슈카, straż 스트라시
	ch	ㅎ	흐	chory 호리, kuchnia 쿠흐니아, dach 다흐
	dz	ㅈ	즈, 츠	dziura 지우라, dzwon 즈본, mosiądz 모시옹츠
	dź	–	치	niedźwiedź 니에치비에치
	dż, drz	ㅈ	치	drzewo 제보, łódż 워치
	cz	ㅊ	치	czysty 치스티, beczka 베치카, klucz 클루치
	sz	시*	슈, 시	szary 샤리, musztarda 무슈타르다, kapelusz 카펠루시
	rz	ㅈ, 시*	주, 슈, 시	rzeka 제카, Przemyśl 프셰미실, kołnierz 코우니에시

반모음	j	이*	jasny 야스니, kraj 크라이
	ł	우	łono 워노, głowa 그워바, bułka 부우카, kanał 카나우
모음	a	아	trawa 트라바
	ą	옹	trąba 트롱바, mąka 몽카, kąt 콩트, tą 통
	e	에	zero 제로
	ę	엥, 에	kępa 켐파, węgorz 벵고시, Częstochowa 쳉스토호바, proszę 프로셰
	i	이	zima 지마
	o	오	udo 우도
	ó	우	próba 프루바
	u	우	kula 쿨라
	y	이	daktyl 닥틸

* ź, sz, rz 의 '시'와 j의 '이'는 뒤따르는 모음과 결합할 때 합쳐서 1음절로 적는다.

제3장 표기 세칙

제1절 영어의 표기

표 1에 따라 적되, 다음 사항에 유의하여 적는다.

제1항 무성 파열음([p], [t], [k])

1. 짧은 모음 다음의 어말 무성 파열음([p], [t], [k])은 받침으로 적는다.

 【보기】 gap[gæp] 갭 cat[kæt] 캣
  book[buk] 북

2. 짧은 모음과 유음·비음([l], [r], [m], [n]) 이외의 자음 사이에 오는 무성 파열음([p], [t], [k])은 받침으로 적는다.

 【보기】 apt[æpt] 앱트 setback[setbæk] 셋백
  act[ækt] 액트

3. 위 경우 이외의 어말과 자음 앞의 [p], [t], [k]는 '으'를 붙여 적는다.

 【보기】 stamp[stæmp] 스탬프 cape[keip] 케이프
  nest[nest] 네스트 part[pɑːt] 파트
  desk[desk] 데스크 make[meik] 메이크
  apple[æpl] 애플 mattress[mætris] 매트리스
  chipmunk[tʃipmʌŋk] 치프멍크 sickness[siknis] 시크니스

제2항 유성 파열음([b], [d], [g])

어말과 모든 자음 앞에 오는 유성 파열음은 '으'를 붙여 적는다.

 【보기】 bulb[bʌlb] 벌브 land[lænd] 랜드
  zigzag[zigzæg] 지그재그 lobster[bbstə] 로브스터
  kidnap[kidnæp] 키드냅 signal[signəl] 시그널

제3항 마찰음([s], [z], [f], [v], [θ], [ð], [ʃ], [ʒ])
1. 어말 또는 자음 앞의 [s], [z], [f], [v], [θ], [ð]는 '으'를 붙여 적는다.

【보기】 mask[mɑːsk] 마스크 jazz[dʒæz] 재즈
graph[græf] 그래프 olive[ɔliv] 올리브
thrill[θril] 스릴 bathe[beið] 베이드

2. 어말의 [ʃ]는 '시'로 적고, 자음 앞의 [ʃ]는 '슈'로, 모음 앞의 [ʃ]는 뒤따르는 모음에 따라 '샤', '섀', '셔', '셰', '쇼', '슈', '시'로 적는다.

【보기】 flash[flæʃ] 플래시 shrub[ʃrʌb] 슈러브
shark[ʃɑːk] 샤크 shank[ʃæŋk] 섕크
fashion[fæʃən] 패션 sheriff[ʃerif] 셰리프
shopping[ʃɔpiŋ] 쇼핑 shoe[ʃuː] 슈
shim[ʃim] 심

3. 어말 또는 자음 앞의 [ʒ]는 '지'로 적고, 모음 앞의 [ʒ]는 'ㅈ'으로 적는다.

【보기】 mirage[mirɑːʒ] 미라지 vision[viʒən] 비전

제4항 파찰음([ts], [dz], [tʃ], [dʒ])
1. 어말 또는 자음 앞의 [ts], [dz]는 '츠', '즈'로 적고, [tʃ], [dʒ]는 '치', '지'로 적는다.

【보기】 Keats[kiːts] 키츠 odds[ɔdz] 오즈
switch[switʃ] 스위치 bridge[bridʒ] 브리지
Pittsburgh[pitsbəːg] 피츠버그 hitchhike[hitʃhaik] 히치하이크

2. 모음 앞의 [tʃ], [dʒ]는 'ㅊ', 'ㅈ'으로 적는다.

【보기】 chart[tʃɑːt] 차트 virgin[vəːdʒin] 버진

제5항 비음([m], [n], [ŋ])
1. 어말 또는 자음 앞의 비음은 모두 받침으로 적는다.

【보기】　　steam[sti:m] 스팀　　　　　　corn[kɔ:n] 콘
　　　　　　ring[riŋ] 링　　　　　　　　　lamp[læmp] 램프
　　　　　　hint[hint] 힌트　　　　　　　　ink[iŋk] 잉크

2. 모음과 모음 사이의 [ŋ]은 앞 음절의 받침 'ㅇ'으로 적는다.

【보기】　　hanging[hæŋiŋ] 행잉　　　　longing[bŋiŋ] 롱잉

제6항 유음([l])

1. 어말 또는 자음 앞의 [l]은 받침으로 적는다.

【보기】　　hotel[houtel] 호텔　　　　　pulp[pʌlp] 펄프

2. 어중의 [l]이 모음 앞에 오거나, 모음이 따르지 않는 비음([m], [n]) 앞에 올 때에는 'ㄹㄹ'로 적는다.
　 다만, 비음([m], [n]) 뒤의 [l]은 모음 앞에 오더라도 'ㄹ'로 적는다.

【보기】　　slide[slaid] 슬라이드　　　　film[film] 필름
　　　　　　helm[helm] 헬름　　　　　　　swoln[swouln] 스월른
　　　　　　Hamlet[hæmlit] 햄릿　　　　　Henley[henli] 헨리

제7항 장모음

장모음의 장음은 따로 표기하지 않는다.

【보기】　　team[ti:m] 팀　　　　　　　　route[ru:t] 루트

제8항 중모음([ai], [au], [ei], [ɔi], [ou], [auə])

중모음은 각 단모음의 음가를 살려서 적되, [ou]는 '오'로, [auə]는 '아워'로 적는다.

【보기】　　time[taim] 타임　　　　　　　house[haus] 하우스
　　　　　　skate[skeit] 스케이트　　　　oil[ɔil] 오일
　　　　　　boat[bout] 보트　　　　　　　tower[tauə] 타워

제9항 반모음([w], [j])

1. [w]는 뒤따르는 모음에 따라 [wə], [wɔ], [wou]는 '워', [wɑ]는 '와', [wæ]는 '왜', [we]는 '웨', [wi]는 '위', [wu]는 '우'로 적는다.

【보기】 word[wə:d] 워드 want[wɔnt] 원트
woe[wou] 워 wander[wɑndə] 완더
wag[wæg] 왜그 west[west] 웨스트
witch[witʃ] 위치 wool[wul] 울

2. 자음 뒤에 [w]가 올 때에는 두 음절로 갈라 적되, [gw], [hw], [kw]는 한 음절로 붙여 적는다.

【보기】 swing[swiŋ] 스윙 twist[twist] 트위스트
penguin[peŋgwin] 펭귄 whistle[hwisl] 휘슬
quarter[kwɔ:tə] 쿼터

3. 반모음 [j]는 뒤따르는 모음과 합쳐 '야', '얘', '여', '예', '요', '유', '이'로 적는다. 다만, [d], [l], [n] 다음에 [jə]가 올 때에는 각각 '디어', '리어', '니어'로 적는다.

【보기】 yard[jɑ:d] 야드 yank[jæŋk] 앵크
yearn[jə:n] 연 yellow[jelou] 옐로
yawn[jɔ:n] 욘 you[ju:] 유
year[jə] 이어
Indian[indjən] 인디언 battalion[bətæljən] 버탤리언
union[ju:njən] 유니언

제10항 복합어

1. 따로 설 수 있는 말의 합성으로 이루어진 복합어는 그것을 구성하고 있는 말이 단독으로 쓰일 때의 표기대로 적는다.

【보기】 cuplike[kʌplaik] 컵라이크 bookend[bukend] 북엔드
headlight[hedlait] 헤드라이트 touchwood[tʌtʃwud] 터치우드
sit-in[sitin] 싯인
bookmaker[bukmeikə] 북메이커

flashgun[flæɡʌn] 플래시건   topknot[bpnɔt] 톱놋

2. 원어에서 띄어 쓴 말은 띄어 쓴 대로 한글 표기를 하되, 붙여 쓸 수도 있다.

【보기】 Los Alamos[bsæləmous] 로스 앨러모스/로스앨러모스
top class[bpklæs] 톱 클래스/톱클래스

제2절 독일어의 표기

표 1을 따르고 제1절(영어의 표기 세칙)을 준용한다. 다만, 독일어의 독특한 것은 그 특징을 살려서 다음과 같이 적는다.

제1항 [r]
1. 자음 앞의 [r]는 '으'를 붙여 적는다.

【보기】 Hormon[hɔrmoːn] 호르몬   Hermes[hɛrmɛs] 헤르메스

2. 어말의 [r]와 '-er[ɐ]'는 '어'로 적는다.

【보기】 Herr[hɛr] 헤어   Rasur[razuːr] 라주어
Tür[tyːr] 튀어   Ohr[oːr] 오어
Vater[faːtɐr] 파터   Schiller[ʃilɐr] 실러

3. 복합어 및 파생어의 선행 요소가 [r]로 끝나는 경우는 2의 규정을 준용한다.

【보기】 verarbeiten[fɛrarbaitən] 페어아르바이텐
zerknirschen[tsɛrknirʃən] 체어크니르셴
Fürsorge[fyːrzɔrgə] 퓌어조르게
Vorbild[foːrbilt] 포어빌트
außerhalb[ausərhalp] 아우서할프
Urkunde[uːrkundə] 우어쿤데
Vaterland[faːtərlant] 파터란트

제2항 어말 파열음은 '으'를 붙여 적는 것을 원칙으로 한다.

【보기】　Rostock[rɔsbk] 로스토크　　　Stadt[ʃtat] 슈타트

제3항 철자 'berg', 'burg'는 '베르크', '부르크'로 통일해서 적는다.

【보기】　Heidelberg[haidəlbɛrk, −bɛrç] 하이델베르크
　　　　　Hamburg[hamburk, −burç] 함부르크

제4항 [ʃ]

1. 어말 또는 자음 앞에서는 '슈'로 적는다.

【보기】　Mensch[menʃ] 멘슈　　　　Mischling[miʃliŋ] 미슐링

2. [y], [ø] 앞에서는 'ㅅ'으로 적는다.

【보기】　Schüler[ʃyːlər] 쉴러　　　　schön[ʃøːn] 쇤

3. 그 밖의 모음 앞에서는 뒤따르는 모음에 따라 '샤, 쇼, 슈' 등으로 적는다.

【보기】　Schatz[ʃats] 샤츠　　　　　schon[ʃoːn] 숀
　　　　　Schule[ʃuːlə] 슐레　　　　　Schelle[ʃɛlə] 셸레

제5항 [ɔy]로 발음되는 äu, eu는 '오이'로 적는다.

【보기】　läuten[bytən] 로이텐　　　Fräulein[frɔylain] 프로일라인
　　　　　Europa[ɔyroːpa] 오이로파　Freundin[frɔyndin] 프로인딘

제3절 프랑스어의 표기

표 1에 따르고 제1절(영어의 표기 세칙)을 준용한다. 다만, 프랑스어의 독특한 것은 그 특징을 살려서 다음과 같이 적는다.

제1항 파열음([p], [t], [k]; [b], [d], [g])

1. 어말에서는 '으'를 붙여서 적는다.

【보기】 soupe[sup] 수프 tête[tɛt] 테트
avec[avɛk] 아베크 baobab[baɔbab] 바오바브
ronde[rɔ̃ːd] 롱드 bague[bag] 바그

2. 구강 모음과 무성 자음 사이에 오는 무성 파열음('구강 모음+무성 파열음+무성 파열음 또는 무성 마찰음'의 경우)은 받침으로 적는다.

【보기】 septembre[sɛptɑ̃ːbr] 셉탕브르 apte[apt] 압트
octobre[ɔktɔbr] 옥토브르 action[aksjɔ̃] 악시옹

제2항 마찰음([ʃ], [ʒ])

1. 어말과 자음 앞의 [ʃ], [ʒ]는 '슈', '주'로 적는다.

【보기】 manche[mɑ̃ːʃ] 망슈 piège[pjɛːʒ] 피에주
acheter[aʃte] 아슈테 dégeler[deʒle] 데줄레

2. [ʃ]가 [ə], [w] 앞에 올 때에는 뒤따르는 모음과 합쳐 '슈'로 적는다.

【보기】 chemise[ʃəmiːz] 슈미즈 chevalier[ʃəvalje] 슈발리에
choix[ʃwa] 슈아 chouette[ʃwɛt] 슈에트

3. [ʃ]가 [y], [œ], [ø] 및 [j], [ɥ] 앞에 올 때에는 'ㅅ'으로 적는다.

【보기】 chute[ʃyt] 쉬트 chuchoter[ʃyʃɔte] 쉬쇼테
pêcheur[pɛʃœːr] 페쇠르 shunt[ʃœ̃ːt] 쇵트
fâcheux[faʃø] 파쇠 chien[ʃjɛ̃] 시앵
chuinter[ʃɥɛ̃te] 쉬앵테

제3항 비자음([ɲ])

1. 어말과 자음 앞의 [ɲ]는 '뉴'로 적는다.

【보기】 campagne[kɑ̃paɲ] 캉파뉴 dignement[diɲmɑ̃] 디뉴망

2. [ɲ]가 '아, 에, 오, 우' 앞에 올 때에는 뒤따르는 모음과 합쳐 각각 '냐,

녜, 뇨, 뉴'로 적는다.

【보기】 saignant[sεɲɑ̃] 세냥 peigner[peɲe] 페녜
agneau[aɲo] 아뇨 mignon[miɲɔ̃] 미뇽

3. [ɲ]가 [ə], [w] 앞에 올 때에는 뒤따르는 소리와 합쳐 '뉴'로 적는다.

【보기】 lorgnement[lɔrɲəmɑ̃] 로르뉴망
baignoire[bεɲwa:r] 베뉴아르

4. 그 밖의 [ɲ]는 'ㄴ'으로 적는다.

【보기】 magnifique[maɲifik] 마니피크 guignier[giɲje] 기니에
gagneur[gaɲœ:r] 가뇌르 montagneux[mɔ̃taɲø] 몽타뇌
peignures[pεɲy:r] 페뉘르

제4항 반모음([j])
1. 어말에 올 때에는 '유'로 적는다.

【보기】 Marseille[marsεj] 마르세유 taille[tɑ:j] 타유

2. 모음 사이의 [j]는 뒤따르는 모음과 합쳐 '예, 얭, 야, 양, 요, 용, 유, 이' 등으로 적는다. 다만, 뒤 모음이 [ø], [œ]일 때에는 '이'로 적는다.

【보기】 payer[peje] 페예 billet[bijε] 비예
moyen[mwajε̃] 무아얭 pleiade[plejad] 플레야드
ayant[εjɑ̃] 에양 noyau[nwajo] 누아요
crayon[krεjɔ̃] 크레용 voyou[vwaju] 부아유
cueillir[kœji:r] 쾨이르 aïeul[ajœl] 아이욀
aïeux[ajø] 아이외

3. 그 밖의 [j]는 '이'로 적는다.

【보기】 hier[jε:r] 이에르
Montesquieu[mɔ̃tεskjø] 몽테스키외
champion[ʃɑ̃pjɔ̃] 샹피옹 diable[djɑ:bl] 디아블

제5항 반모음([w])
[w]는 '우'로 적는다.

【보기】　alouette[alwɛt] 알루에트　　douane[dwan] 두안
　　　　　quoi[kwa] 쿠아　　　　　　toi[twa] 투아

제4절 에스파냐어의 표기

표 2에 따라 적되, 다음과 같은 특징을 살려서 적는다.

제1항 gu, qu
gu, qu는 i, e 앞에서는 각각 'ㄱ, ㅋ'으로 적고, o 앞에서는 '구, 쿠'로 적는다. 다만, a 앞에서는 그 a와 합쳐 '과, 콰'로 적는다.

【보기】　guerra 게라　　　　　　queso 케소
　　　　　Guipuzcoa 기푸스코아　　quisquilla 키스키야
　　　　　antiguo 안티구오　　　　Quórum 쿠오룸
　　　　　Nicaragua 니카라과　　　Quarai 콰라이

제2항 같은 자음이 겹치는 경우에는 겹치지 않은 경우와 같이 적는다. 다만, -cc-는 'ㄱㅅ'으로 적는다.

【보기】　carrera 카레라　　　　　carretera 카레테라
　　　　　accion 악시온

제3항 c, g
c와 g 다음에 모음 e와 i가 올 때에는 c는 'ㅅ'으로, g는 'ㅎ'으로 적고, 그 외는 'ㅋ'과 'ㄱ'으로 적는다.

【보기】　Cecilia 세실리아　　　　citra 시프라
　　　　　georgico 헤오르히코　　　giganta 히간타
　　　　　coquito 코키토　　　　　gato 가토

제4항 x

x가 모음 앞에 오되 어두일 때에는 'ㅅ'으로 적고, 어중일 때에는 'ㄱㅅ'으로 적는다.

【보기】 xilofono 실로포노   laxante 락산테

제5항 l

어말 또는 자음 앞의 l은 받침 'ㄹ'로 적고, 어중의 l이 모음 앞에 올 때에는 'ㄹㄹ'로 적는다.

【보기】 ocal 오칼   colcren 콜크렌
         blandon 블란돈   Cecilia 세실리아

제6항 nc, ng

c와 g 앞에 오는 n은 받침 'ㅇ'으로 적는다.

【보기】 blanco 블랑코   yungla 융글라

제5절 이탈리아어의 표기

표 3에 따르고, 다음과 같은 특징은 살려서 적는다.

제1항 gl

i 앞에서는 'ㄹㄹ'로 적고, 그 밖의 경우에는 '글ㄹ'로 적는다.

【보기】 paglia 팔리아   egli 엘리
         gloria 글로리아   glossa 글로사

제2항 gn

뒤따르는 모음과 합쳐 '냐', '녜', '뇨', '뉴', '니'로 적는다.

【보기】 montagna 몬타냐   gneiss 녜이스

gnocco 뇨코 gnu 뉴
ogni 오니

제3항 sc
sce는 '셰'로, sci는 '시'로 적고, 그 밖의 경우에는 '스ㅋ'으로 적는다.

【보기】 crescendo 크레센도 scivolo 시볼로
Tosca 토스카 scudo 스쿠도

제4항
같은 자음이 겹쳤을 때에는 겹치지 않은 경우와 같이 적는다. 다만, -mm-, -nn-의 경우는 'ㅁㅁ', 'ㄴㄴ'으로 적는다.

【보기】 Puccini 푸치니 buffa 부파
allegretto 알레그레토 carro 카로
rosso 로소 Abruzzo 아브루초
gomma 곰마 bisnonno 비스논노

제5항 c, g
1. c와 g는 e, i 앞에서 각각 'ㅊ', 'ㅈ'으로 적는다.

【보기】 cenere 체네레 genere 제네레
cima 치마 gita 지타

2. c와 g 다음에 ia, io, iu가 올 때에는 각각 '차, 초, 추', '자, 조, 주'로 적는다.

【보기】 caccia 카차 micio 미초
ciuffo 추포 giardino 자르디노
giorno 조르노 giubba 주바

제6항 qu
qu는 뒤따르는 모음과 합쳐 '콰, 퀘, 퀴' 등으로 적는다. 다만, o 앞에서는 '쿠'로 적는다.

【보기】 soqquadro 소콰드로 quello 퀠로

quieto 퀴에토   quota 쿠오타

제7항 l, ll

어말 또는 자음 앞의 l, ll은 받침으로 적고, 어중의 l, ll이 모음 앞에 올 때에는 'ㄹㄹ'로 적는다.

【보기】 sol 솔   polca 폴카
Carlo 카를로   quello 퀠로

제6절 일본어의 표기

표 4에 따르고, 다음 상황에 유의하여 적는다.

제1항 촉음(促音) [ッ]는 'ㅅ'으로 통일해서 적는다.

【보기】 サッポロ 삿포로   トットリ 돗토리
ヨッカイチ 욧카이치

제2항 장모음

장모음은 따로 표기하지 않는다.

【보기】 キュウシュウ(九州) 규슈   ニイガタ(新潟) 니가타
トウキョウ(東京) 도쿄   オオサカ(大阪) 오사카

제7절 중국어의 표기

표 5에 따르고, 다음 사항에 유의하여 적는다.

제1항 성조는 구별하여 적지 아니한다.

제2항 'ㅈ, ㅉ, ㅊ'으로 표기되는 자음(ㄐ, ㅉ, ㄗ, ㄑ, ㄔ, ㄘ) 뒤의 'ㅑ, ㅖ, ㅛ, ㅠ'음은 'ㅏ, ㅔ, ㅗ, ㅜ'로 적는다.

【보기】 ㄐㄧㄚ 쟈→자   ㄐㄧㄝ 졔→제

제8절 폴란드어의 표기

표 6에 따르고, 다음과 같은 특징을 살려서 적는다.

제1항 k, p
어말과 유성 자음 앞에서는 '으'를 붙여 적고, 무성 자음 앞에서는 받침으로 적는다.

【보기】 zamek 자메크 mokry 모크리
Słupsk 스웁스크

제2항 b, d, g
1. 어말에 올 때에는 '프', '트', '크'로 적는다.

【보기】 od 오트

2. 유성 자음 앞에서는 '브', '드', '그'로 적는다.

【보기】 zbrodnia 즈브로드니아

3. 무성 자음 앞에서 b, g는 받침으로 적고, d는 '트'로 적는다.

【보기】 Grabski 그랍스키 odpis 오트피스

제3항 w, z, ź, dz, ż, rz, sz
1. w, z, ź, dz가 무성 자음 앞이나 어말에 올 때에는 '프, 스, 시, 츠'로 적는다.

【보기】 zabawka 자바프카 obraz 오브라스

2. ż와 rz는 모음 앞에 올 때에는 'ㅈ'으로 적되, 앞의 자음이 무성 자음일 때에는 '시'로 적는다. 유성 자음 앞에 올 때에는 '주', 무성 자음 앞에 올 때에는 '슈', 어말에 올 때에는 '시'로 적는다.

【보기】 Rzeszów 제슈프 Przemyśl 프셰미실

grzmot 그주모트　　　　　łóżko 우슈코
pęcherz 펭헤시

3. sz는 자음 앞에서는 '슈', 어말에서는 '시'로 적는다.
【보기】　koszt 코슈트　　　　kosz 코시

제4항 ł
1. ł는 뒤따르는 모음과 결합할 때 합쳐서 적는다. (ło는 '워'로 적는다.) 다만, 자음 뒤에 올 때에는 두 음절로 갈라 적는다.
【보기】　łono 워노　　　　　głowa 그워바

2. ół는 '우'로 적는다.
【보기】　przjyació ł 프시야치우

제5항 l
어중의 l이 모음 앞에 올 때에는 'ㄹㄹ'로 적는다.
【보기】　olej 올레이

제6항 m
어두의 m이 l, r 앞에 올 때에는 '으'를 붙여 적는다.
【보기】　mleko 믈레코　　　　mrówka 므루프카

제7항 ę
ę은 '엥'으로 적는다. 다만, 어말의 ę는 '에'로 적는다.
【보기】　ręka 렝카　　　　　proszę 프로셰

제8항 'ㅈ', 'ㅊ'으로 표기되는 자음(c, z) 뒤의 이중 모음은 단모음으로 적는다.
【보기】　stacja 스타차　　　　fryzjer 프리제르